Grammatisches Lernlexikon Spanisch

Fremdsprachentexte | Spanisch

Grammatisches Lernlexikon Spanisch

Von Montserrat Varela Navarro

Reclam

Nach einer Konzeption von Heinz-Otto Hohmann (*Grammatisches Lernlexikon Französisch*, Universal-Bibliothek Nr. 19743)

RECLAMS UNIVERSAL-BIBLIOTHEK Nr. 19815
Alle Rechte vorbehalten
Copyright © 2013 Philipp Reclam jun. GmbH & Co. KG, Stuttgart
Gestaltung: Cornelia Feyll, Friedrich Forssman
Gesamtherstellung: Reclam, Ditzingen. Printed in Germany 2013
RECLAM, UNIVERSAL-BIBLIOTHEK und RECLAMS
UNIVERSAL-BIBLIOTHEK sind eingetragene Marken
der Philipp Reclam jun. GmbH & Co. KG, Stuttgart
ISBN 978-3-15-019815-5

Auch als E-Book erhältlich

www.reclam.de

Inhalt

Erläuterungen 7
*Warum ein »Grammatisches Lernlexikon Spanisch«? –
Strukturierung der Informationseinheiten – Übersicht
über das spanische Verbsystem – Hispanoamerikanisches
Spanisch – Lernen, Reaktivieren, Testen*
Abkürzungen 12

Lernlexikon A–Z 13

Anhang I

Übersicht über das spanische Verbsystem 133

Anhang II

Hispanoamerikanisches Spanisch 169
1. Die Aussprache 171
2. ustedes statt vosotros 172
3. vos statt tú 173

Anhang III

Übersetzungskurztests 175

Anhang IV

Lösungen zu den Übersetzungskurztests 203

Erläuterungen

Warum ein »Grammatisches Lernlexikon Spanisch«?

Heutzutage erfolgt das Lernen und Lehren einer Fremdsprache über den kommunikativen Ansatz, d. h. die Lerner werden von Anfang an befähigt und angehalten, in der Fremdsprache zu kommunizieren. Dennoch bleibt die Grammatik über die Jahre hinweg die harte Nuss, die es zu knacken gilt. Denn obwohl man sich zu einfachen Themen irgendwie äußern kann, auch wenn dabei vielleicht ein paar Regeln missachtet werden, benötigt man für eine differenzierte Kommunikation eine gewisse Sicherheit hinsichtlich der grammatischen Strukturen der Fremdsprache.

An dieser Stelle kann das *Grammatische Lernlexikon Spanisch* eine nützliche Hilfe sein. Im Gegensatz zu den gängigen Grammatikwerken, die nach Themen sortiert sind, sind die Informationseinheiten hier alphabetisch geordnet, so dass man die gesuchte Information rasch findet. Die Verweise unterhalb der Einträge führen den Lerner zu weiteren grammatischen Themen, und die Übersetzungskurztests in Anhang III ermöglichen ihm, sein Wissen anzuwenden, zu reaktivieren und zu überprüfen.

Die einzelnen Informationseinheiten vermitteln ein grammatisches Grundlagenwissen. Der Schwerpunkt liegt dabei auf der spanischen Gegenwartssprache. Gibt es nennenswerte Abweichungen von der hier behandelten Standardsprache, so werden diese im entsprechenden Eintrag kurz behandelt. Anhang II geht dann gezielt auf die wichtigsten Besonderheiten des hispanoamerikanischen Spanisch ein.

Strukturierung der Informationseinheiten

Die einzelnen Informationseinheiten sind, wie oben erwähnt, alphabetisch geordnet und in mehrere Abschnitte gegliedert. Zu Beginn gibt es immer einen oder mehrere Beispielsätze, gefolgt von der deutschen Übersetzung. Diese Sätze führen in das grammatische Thema ein und decken die wichtigsten Aspekte der jeweiligen Informationseinheit ab. Die einzelnen Teilbereiche sind zur besseren Übersicht mit einem • am Zeilenanfang voneinander abgesetzt, und die grammatischen Erläuterungen und Hinweise werden durch umfangreiches Beispielmaterial mit deutschen Übersetzungen in Klammern ergänzt. In vielen Informationseinheiten finden sich Verweise auf weiterführende Einträge innerhalb des Lexikons, und es wird gegebenenfalls auf hilfreiches Zusatzmaterial im Anhang verwiesen: Anhang I bietet eine Übersicht über das spanische Verbsystem, Anhang II erläutert die Besonderheiten des hispanoamerikanischen Spanisch, und Anhang III hält eine Vielzahl an Übersetzungskurztests bereit.

Für die meisten grammatischen Phänomene wurde die deutsche Bezeichnung verwendet. Dennoch wurden einige spanische Fachbegriffe, besonders bei den Zeitformen und den Modi, den deutschen vorgezogen, so gibt es z.B. für »subjuntivo« keine adäquate deutsche Entsprechung.

Übersicht über das spanische Verbsystem

Die Konjugation der spanischen Verben in den verschiedenen Zeiten und Modi wird hauptsächlich in Anhang I behandelt, während der Gebrauch und die Funktion der einzelnen Zeiten und Modi im Hauptteil in den entsprechenden Informationseinheiten erläutert werden.

Die Abschnitte 1 bis 10 bieten eine tabellarische Übersicht über die wichtigsten Konjugationsmuster des Spanischen. Anschließend werden einige spanische Verben, die deutschen Lernern Schwierigkeiten bereiten, näher besprochen: der Unterschied zwischen »hay« und »estar« (11) sowie die Verwendungsmöglichkeiten der Verben »ser« und »estar« (12–14). Zum Schluss werden verschiedene Entsprechungen des deutschen Verbs »werden« vorgestellt (15).

Der Anhang I erhebt keinen Anspruch auf Vollständigkeit. Er beschränkt sich auf die häufigsten Verben und die wichtigsten Zeitformen der spanischen Sprache. So bleibt beispielsweise das Futur des *subjuntivo* unerwähnt, da es in der Gegenwartssprache kaum mehr Anwendung findet. Für Informationen, die über die hier behandelten Grundlagen hinausgehen, sollten umfangreichere Grammatiken zu Rate gezogen werden.

Hispanoamerikanisches Spanisch

Da die spanische Sprache in 22 Ländern Amtssprache ist, ist es nur allzu verständlich, dass sie verschiedene Varianten aufweist. In Anhang II sind darum beispielhaft drei wichtige Merkmale des hispanoamerikanischen Spanisch näher erläutert: die vom Spanischen der Iberischen Halbinsel abweichende Aussprache, der Gebrauch von »ustedes« anstelle von »vosotros« in allen hispanoamerikanischen Ländern (und auf den Kanarischen Inseln) sowie die Existenz einer »vos«-Form in vielen Ländern Hispanoamerikas.

Andere Phänomene wie z.B. die spanische Sprache in den USA wurden hier nicht erläutert, da das den Rahmen dieses Lernlexikons sprengen würde.

Lernen, Reaktivieren, Testen

Das *Grammatische Lernlexikon Spanisch* bietet neben der gezielten Information über grammatische Einzelphänomene und Zusammenhänge auch die Möglichkeit, das eigene Grundlagenwissen zu reaktivieren und zu testen. Selbstlerner können einzelne Informationseinheiten aufmerksam durchlesen und dabei versuchen, sich den Schlüsselsatz zu Beginn jeder Einheit und die entsprechenden Grundregeln einzuprägen. Es ist auch empfehlenswert, zunächst die spanischen Beispielsätze ohne jegliche Erläuterung abzuschreiben und erst im Anschluss die dazugehörige Regel zu lesen. Man kann auch versuchen, die einzelnen Regeln selbst zu formulieren und andere, eigene Beispielsätze zu finden.

In Anhang III, in dem deutsche Sätze angeboten werden, die ins Spanische übersetzt werden sollen, kann das erlernte bzw. reaktivierte Grundlagenwissen dann abschließend getestet werden. Der Lerner kann dann anhand der Lösungen in Anhang IV die eigenen Übersetzungen auf ihre Richtigkeit überprüfen.

Bei der Verwendung des Lernlexikons im Spanischunterricht können einzelne Informationseinheiten zu Hause oder im Unterricht in Stillarbeit durchgearbeitet werden. Die so aufgefrischten Kenntnisse können dann zur Festigung nochmals in Partnerarbeit oder durch gezielte Fragen des Lehrers durchgesprochen werden. Daran sollte sich der entsprechende Übersetzungstest einschließlich der Lösung anschließen. Es bietet sich außerdem an, die so behandelten grammatischen Themen in der Folgestunde kurz mündlich zu wiederholen.

Abkürzungen

A I	Anhang I
A II	Anhang II
A III	Anhang III
A IV	Anhang IV
KT 1/L, KT 2/L usw.	Kurztest 1/Lösungen usw.
RAE	Real Academia Española

Als Verweiszeichen dient der Pfeil ▸.

Lernlexikon A–Z

A

a (nach, zu, in)

Este verano voy a ir a Dinamarca. (Im Sommer fahre ich nach Dänemark.)

- <u>Funktion:</u> Die Präposition <u>a</u> dient v.a. dazu, die Richtung oder das Ziel auszudrücken. Somit entspricht sie verschiedenen deutschen Präpositionen, wie z.B. <u>nach</u>, <u>zu</u> oder <u>in</u>: Ayer no fuimos <u>a</u> la escuela. (Gestern sind wir nicht <u>zur</u> Schule gegangen.) Weitere Funktionen sind die Angabe der Uhrzeit und der Entfernung: El examen empieza <u>a</u> las diez. (Die Prüfung beginnt <u>um</u> zehn Uhr.) Hay una panadería <u>a</u> unos 200 metros. (Es gibt eine Bäckerei <u>in</u> etwa 200 Metern Entfernung.)
- Mit einer Reihe von Verben bildet die Präposition <u>a</u> feste Verbindungen (perífrasis verbales), z.B. <u>ir a</u> + Infinitiv: Voy <u>a</u> estudiar Derecho. (Ich werde Jura studieren.); <u>volver a</u> + Infinitiv: María ha vuelto <u>a</u> fumar. (María raucht wieder / hat wieder angefangen zu rauchen.); <u>empezar a</u> + Infinitiv: Antonio ha empezado <u>a</u> trabajar en nuestra empresa. (Antonio hat in unserer Firma [zu arbeiten] angefangen.)
- <u>a</u> wird auch verwendet, um das direkte Objekt (wen?) bei Personen (nicht bei Sachen) und das indirekte Objekt (wem?) zu kennzeichnen:
  - direktes Objekt der Person: Si quieres saberlo, llama <u>a</u> Juan. (Wenn du es wissen möchtest, ruf Juan an.)
  - indirektes Objekt: Dile la verdad <u>a</u> tu padre. (Sag deinem Vater die Wahrheit.)

Kurztest ▸ A III, KT 1

abrir (öffnen)

<u>Präsens:</u> abro, abres, abre, abrimos, abrís, abren
<u>Partizip Perfekt:</u> abierto (geöffnet)
Verbformen ▸ A I

acabar (beenden)

<u>Präsens:</u> acabo, acabas, acaba, acabamos, acabáis, acaban
<u>Partizip Perfekt:</u> acabado (beendet)
Verbformen ▸ A I

acabar + gerundio (schließlich etwas tun)

Acabaron vendiendo la casa. (Sie haben das Haus schließlich verkauft.)

acabar de + Infinitiv (gerade etwas getan haben)

Juan me acaba de llamar. (Juan hat mich gerade angerufen.)

acabar por + Infinitiv (schließlich etwas tun)

Acabé por firmar el contrato. (Ich habe den Vertrag schließlich unterschrieben.)

Adjektiv (Eigenschaftswort)

¡Qué flores más bonitas! (Was für schöne Blumen!)
- <u>Funktion:</u> Zur näheren Beschreibung von Substantiven verwendet man Adjektive: una casa <u>bonita</u> (ein schönes

Haus; Was für ein Haus? – ein schönes Haus). (La casa) es <u>bonita</u>. (Das Haus / Es ist schön.)
- <u>Formen</u>: Im Spanischen sind die meisten Adjektive veränderlich. Sie stimmen in Zahl und Geschlecht mit dem Bezugswort überein. Hier die drei Hauptgruppen:
  (1) Adjektive auf <u>-o/-a</u>, z. B. <u>bonito/bonita</u>: un paisaje bonito (eine schöne Landschaft), una sala bonita (ein schöner Saal); <u>pequeño/pequeña</u>: un libro pequeño (ein kleines Buch), una cocina pequeña (eine kleine Küche).
  (2) Adjektive, die auf Konsonant enden und in der weiblichen Form ein <u>-a</u> erhalten, z. B. <u>trabajador/trabajadora</u>: un muchacho trabajador (ein fleißiger Junge); una mujer trabajadora (eine fleißige Frau); <u>español/española</u>: un plato español (ein spanisches Gericht); una película española (ein spanischer Film).
  (3) Adjektive, deren männliche und weibliche Form identisch sind:
    – Adjektive, die auf <u>-e</u> enden: un hombre <u>alegre</u> – una mujer <u>alegre</u> (ein fröhlicher Mann, eine fröhliche Frau).
    – Adjektive, die auf Konsonant enden: un edificio <u>azul</u>, una casa <u>azul</u> (ein blaues Gebäude, ein blaues Haus).

  In der Mehrzahl erhalten die Adjektive ein <u>-s</u> bzw. bei Konsonant ein <u>-es</u>: dos zapato<u>s</u> viejo<u>s</u> (zwei alte Schuhe), temperatura<u>s</u> normal<u>es</u> (normale Temperaturen).
- <u>Stellung</u>: Das Adjektiv steht im Spanischen in der Regel <u>nach</u> dem Substantiv und unterscheidet dieses Substantiv in seiner Eigenschaft von anderen. ¿Te compras la mesa <u>grande</u> o la <u>pequeña</u>? (Kaufst du den großen oder

den kleinen Tisch?), un chico <u>inteligente</u> (ein intelligenter Junge [im Vergleich zu anderen]); un edificio <u>moderno</u> (ein modernes Gebäude [nicht ein altes]).

Folgende Adjektive stehen in der Regel immer nach dem Bezugswort: Farbadjektive (azul, rojo, verde ...), Adjektive der Form (redondo, ovalado, cuadrado ...), Adjektive des Zustands (cerrado, lleno, roto ...) und die Adjektive, die die Zugehörigkeit zu einer Gruppe zum Ausdruck bringen (socialista, alemán ...): el jersey <u>verde</u> (der grüne Pulli), la mesa <u>redonda</u> (der runde Tisch), el vaso <u>lleno</u> (das volle Glas), el político <u>socialista</u> (der sozialistische Politiker).

Steht das Adjektiv <u>vor</u> dem Substantiv, so dient es meistens der Hervorhebung und hat eine übertragene Bedeutung: un <u>viejo</u> amigo (ein alter Freund [die Freundschaft besteht schon lange]), un <u>pobre</u> hombre (ein bedauernswerter Mann). Vor dem Substantiv stehen außerdem Adjektive, die auf eine Reihenfolge hinweisen (primero, segundo, último, siguiente, futuro ...): la <u>segunda</u> candidata (die zweite Bewerberin).

Einige Adjektive werden bei Voranstellung verkürzt, z. B. bueno – buen, grande – gran, primero – primer: un <u>buen</u> libro (ein gutes/schönes Buch), una <u>gran</u> ocasión (eine großartige/günstige Gelegenheit), el <u>primer</u> día de la semana (der erste Tag der Woche).

- Steigerung ▶ **Steigerung des Adjektivs**

Kurztest ▶ A III, KT 2

Adverb

En metro llegas rápidamente al centro. (Mit der U-Bahn kommst du schnell in die Innenstadt.)
- Funktion: Adverbien können Verben, Adjektive, andere Adverbien und ganze Sätze näher bestimmen: Rosa canta maravillosamente (Wie singt Rosa? – wunderbar). Afortunadamente, hemos ganado el partido. (Zum Glück haben wir das Spiel gewonnen.)
- Formen: Man unterscheidet zwei Haupttypen von Adverbien, und zwar (a) die Adverbien auf -mente und (b) die ursprünglichen Adverbien:
- (a) An die weibliche Form des Adjektivs wird -mente angehängt: lento/lenta – lentamente (langsam). Endet das Adjektiv auf -e oder auf Konsonant (also weibliche gleich männliche Form), wird ebenfalls -mente angehängt: fuertemente (stark), felizmente (glücklich[erweise]). Wenn in einem Satz zwei Adverbien auf -mente zusammen verwendet werden, so entfällt beim ersten Adverb die Endung -mente: Se fue silenciosa y sigilosamente (Er ging still und leise.) Celebraron la fiesta alegre y estrepitosamente. (Sie feierten fröhlich und laut.)
- (b) Bei den ursprünglichen Adverbien, die also nicht von einem Adjektiv abgeleitet sind, unterscheidet man im wesentlichen folgende Typen:
  - Adverbien des Ortes (Ortsangaben): aquí/ahí/allí (hier /dort / dort drüben), cerca/lejos (nah / weit weg), delante/detrás (davor/dahinter), dentro/ fuera ([dr]innen/[dr]außen)
  - Adverbien der Zeit (Zeitangaben): ayer/hoy/ma-

ñana (gestern/heute/morgen), siempre/nunca (immer/nie), antes/ahora (früher/jetzt)
- <u>Adverbien der Menge</u> (Mengenangaben): muy (sehr), mucho (viel, sehr), poco (wenig), demasiado (zu [viel]), bastante (ziemlich), algo/nada (etwas/nichts)
- <u>Modaladverbien</u> (Art und Weise): bien/mal (gut/schlecht), regular (mittelmäßig), alto (laut), bajo (leise), así (so), tan (so [sehr])

• <u>Adverbiale Zusammensetzungen:</u> Neben den eigentlichen Adverbien gibt es auch zahlreiche adverbiale Ausdrücke, die aus verschiedenen Wortklassen zusammengesetzt sind und getrennt geschrieben werden, obwohl sie eine Bedeutungseinheit darstellen: <u>de todos modos</u> (auf alle Fälle), <u>a tiempo</u> (rechtzeitig), <u>una vez</u> (einmal), <u>a veces</u> (manchmal), <u>a lo mejor</u> (vielleicht), <u>por la tarde</u> (am Nachmittag), <u>a mediodía</u> (zu Mittag)

• <u>Stellung:</u> Wenn sich das Adverb auf ein Verb bezieht, steht es dahinter: No te oigo <u>bien</u>. (Ich höre dich nicht gut.) Allerdings gibt es Ausnahmen von dieser Regel, so können z. B. <u>siempre</u>, <u>nunca</u> und <u>también</u> (auch), <u>tampoco</u> (auch nicht) auch vor dem Verb stehen: Yo <u>nunca</u> quiero ir. (Ich will nie hingehen.) Él <u>tampoco</u> sabe nada. (Er weiß auch nichts.) ▶ **también/tampoco.** Wenn das Adverb ein Adjektiv oder ein anderes Adverb näher bestimmt, steht es davor: No hables <u>tan</u> bajo. (Sprich nicht so leise.) Wenn es den ganzen Satz näher bestimmt, kann das Adverb den Satz auch einleiten oder am Satzende stehen. Die Stellung am Satzanfang bewirkt häufig eine Hervorhebung: <u>Normalmente</u> voy al cine una

vez por semana. (Normalerweise gehe ich einmal in der Woche ins Kino.) Ayer lo perdí. (Ich habe es gestern verloren.)
- Steigerung ▶ **Steigerung des Adverbs**

Kurztest ▶ A III, KT 3

andar (gehen)

Präsens: ando, andas, anda, andamos, andáis, andan
Pretérito indefinido: anduve, anduviste, anduvo, anduvimos, anduvisteis, anduvieron
Partizip Perfekt: andado (gegangen)
Verbformen ▶ A I

antes de + Infinitiv / antes de que + subjuntivo (bevor)

Antes de cenar, me duché. (Bevor ich zu Abend aß, / Vor dem Abendessen habe ich geduscht.) Antes de que te cases, tenemos que tomar algo otra vez. (Wir müssen noch einmal was trinken gehen, bevor du heiratest.)
- Die Infinitivkonstruktion mit antes de ersetzt einen Nebensatz. Sie wird ausschließlich verwendet, wenn das Subjekt in Haupt- und Nebensatz dasselbe ist: Apagué la luz antes de salir (yo). (Bevor ich rausgegangen bin, habe ich das Licht ausgemacht.)
- Die temporale Konjunktion antes de que leitet einen Nebensatz ein. Sie kommt immer dann zum Einsatz, wenn die Subjekte in Haupt- und Nebensatz verschieden sind, und erfordert dabei grundsätzlich den subjuntivo: Vamos a dar una vuelta al parque antes de que te vayas.

(Lass uns einen Spaziergang durch den Park machen, bevor du gehst.) ▸ **subjuntivo**
▸ **después de + Infinitiv / después de que [+ subjuntivo]**
Kurztest ▸ A III, KT 4

aquel/aquella (diese/-r/-s ... dort, der/die/das ... dort, jene/-r/-s)

Aquel cuadro es de Picasso. (Das Gemälde dort ist von Picasso.)

- Der hinweisende Begleiter (Demonstrativbegleiter) aquel bestimmt das Substantiv näher und richtet sich nach ihm in Geschlecht und Zahl. Es steht in der Regel vor dem Substantiv: aquella mujer (jene Frau), aquellos coches (jene Autos).
- aquel bezieht sich auf Personen und Gegenstände, die sich sowohl vom Sprecher als auch vom Angesprochenen weit entfernt befinden. Diese Entfernung kann räumlich oder zeitlich gemeint sein. Aquellas maletas que están al lado de la puerta, ¿de quién son? (Die Koffer dort an der Tür, wem gehören die?) Aquel año nació mi hija. (In jenem Jahr wurde meine Tochter geboren.)
- aquel kann auch pronominal verwendet werden, d.h. es kann an die Stelle eines Substantivs treten und heißt dann »Demonstrativpronomen«: Aquel es el mío. (Das dort ist meiner.)

Kurztest ▸ A III, KT 15

aquello (das ... da/dort, jenes)

Aquello que dijiste no estuvo bien. (Das, was du da gesagt hast, war nicht in Ordnung.)
- aquello wird nur als Pronomen verwendet, ist sächlich und unveränderlich. Es verweist auf etwas, das räumlich oder zeitlich weit entfernt ist; dabei kann es sich um einen Gegenstand oder einen bereits erwähnten Sachverhalt handeln.

Artikel

No encuentro las llaves del coche. (Ich finde die Autoschlüssel nicht.)
- Der Artikel begleitet das Substantiv und stimmt in Geschlecht und Zahl mit ihm überein.
- Wie im Deutschen gibt es im Spanischen einen bestimmten und einen unbestimmten Artikel:
  - bestimmter Artikel: el árbol / los árboles (männlich, Singular/Plural: der Baum / die Bäume); la flor / las flores (weiblich, Singular/Plural: die Blume / die Blumen)
  - unbestimmter Artikel: un árbol (männlich, Singular: ein Baum); una flor (weiblich, Singular: eine Blume). Die Pluralform bedeutet »einige« oder »ungefähr«: unos árboles (einige Bäume); unas quince flores (ungefähr fünfzehn Blumen). Unos, unas bleibt in bestimmten Fällen unübersetzt, z. B.: unos amigos míos (Freunde von mir).
- weiblicher Artikel el:
Wenn ein weibliches Substantiv mit einem betonten a

bzw. <u>ha</u> beginnt, steht im Singular der Artikel <u>el</u>. Das Substantiv ist dabei weiterhin weiblich: <u>el</u> agua clara (das klare Wasser), <u>el</u> hada mala / <u>las</u> hadas malas (die böse Fee / die bösen Feen).

- neutraler Artikel <u>lo</u>:
  Bei den spanischen Substantiven gibt es keine sächliche Form wie im Deutschen (das Auto). Es gibt jedoch den Artikel <u>lo</u>, der dem deutschen »das« entspricht. <u>Lo</u> begleitet substantivierte Adjektive (lo bello: das Schöne), Ordungszahlen (lo primero: das Erste), Possessivpronomen (lo tuyo: das deine) und Satzglieder: No creo <u>lo</u> que dices. (Ich glaube nicht, was du sagst.) ¿Sabes <u>lo</u> de María? (Weißt du das [die Sache] von/mit María?)
- der Artikel <u>el</u> mit den Präpositionen <u>a</u> und <u>de</u>:
  Mit den Präpositionen <u>a</u> (nach, zu, in) und <u>de</u> (von, aus) verschmilzt der Artikel <u>el</u> zu <u>al</u> bzw. <u>del</u>: Esta tarde voy <u>al</u> cine. (Heute Nachmittag gehe ich ins Kino.) José vuelve <u>del</u> trabajo a las 20:00. (José kommt um 20:00 Uhr von der Arbeit.)

Kurztest ▸ A III, KT 5

aunque (obwohl; selbst wenn)

Aunque duerme mucho, Antonio siempre está cansado. (Obwohl er viel schläft, ist Antonio immer müde.) Aunque tenga que madrugar el domingo, voy a ir a la fiesta. (Selbst wenn ich am Sonntag früh aufstehen muss, werde ich zur Party gehen.)

- In der Bedeutung »obwohl« folgt auf die Konjunktion <u>aunque</u> im Nebensatz der Indikativ, weil von einer feststehenden Tatsache die Rede ist.

- Wenn <u>aunque</u> im Nebensatz »selbst wenn« bedeutet, steht das Verb im <u>subjuntivo</u>, weil eine Möglichkeit in der Zukunft angedeutet wird, die zum Zeitpunkt der Äußerung nur denkbar, aber (noch) nicht real ist.
  ▶ **subjuntivo**

Kurztest ▶ A III, KT 6

B

Bedingungsform, Bedingungssatz
- condicional simple
- condicional perfecto

Befehlsform
- imperativo

C

caber ([hinein]passen, Platz haben)

<u>Präsens:</u> quepo, cabes, cabe, cabemos, cabéis, caben
<u>Pretérito indefinido:</u> cupe, cupiste, cupo, cupimos, cupisteis, cupieron
<u>Partizip Perfekt:</u> cabido (gepasst)
Verbformen ▸ A I

caer (fallen)

<u>Präsens:</u> caigo, caes, cae, caemos, caéis, caen
<u>Pretérito indefinido:</u> caí, caíste, cayó, caímos, caísteis, cayeron
<u>Partizip Perfekt:</u> caído (gefallen)
Verbformen ▸ A I

como (da, weil)

Como estaba lloviendo, nos quedamos en casa. (Da es regnete, sind wir zu Hause geblieben.)
- Die kausale Konjunktion <u>como</u> leitet einen Nebensatz zur Angabe eines Grundes ein. Sie wird verwendet, wenn dieser Nebensatz vor dem Hauptsatz steht. Folgt der Nebensatz dem Hauptsatz, so wird <u>porque</u> eingesetzt: Nos quedamos en casa <u>porque</u> estaba lloviendo. (Wir sind zu Hause geblieben, weil es regnete.)

Kurztest ▸ A III, KT 7

¿cómo? (wie?)

¿Cómo te llamas? (Wie heißt du?)
- Das Fragewort <u>cómo</u> fragt nach der Art und Weise und nach dem Zustand von Lebewesen oder Gegenständen. Es trägt immer einen Akzent.
- So auch in der indirekten Rede bzw. Frage: Me preguntó <u>cómo</u> me llamo. (Er hat mich gefragt, wie ich heiße.)
  ▸ **Indirekte Rede**

Kurztest ▸ A III, KT 17

con (mit)

Hoy he comido con mi hermana. (Heute habe ich mit meiner Schwester zu Mittag gegessen.)
- <u>Funktion:</u> Die Präposition <u>con</u> wird meistens verwendet, um eine Begleitung / ein Miteinander oder ein Mittel auszudrücken, z.B. <u>hablar con Paco</u> (mit Paco sprechen), <u>escribir con bolígrafo</u> (mit dem Kugelschreiber schreiben).
- Mit einigen Verben bildet die Präposition <u>con</u> feste Verbindungen (perífrasis verbales), z.B. <u>contar con</u> + Infinitiv/Pronomen (rechnen mit, sich verlassen auf): Ella cuenta <u>con</u> obtener el trabajo. (Sie rechnet damit, die Stelle zu bekommen.) Puedes contar <u>con</u> ella. (Du kannst dich auf sie verlassen.); <u>soñar con</u> + Substantiv (träumen von): Esta noche soñé <u>con</u> mi padre. (Heute Nacht habe ich von meinem Vater geträumt.); <u>bastar con</u> + Infinitiv / Nebensatz mit <u>subjuntivo</u> (genügen, reichen [zu]): Basta <u>con</u> rellenar este formulario. (Es reicht, dieses Formular auszufüllen.) Basta con que empecemos (subjuntivo!) a

cocinar una hora antes. (Es genügt, wenn wir eine Stunde vorher anfangen zu kochen.)

condicional simple
(Konditional I / einfache Bedingungsform)

Deberías ir en metro. (Du solltest mit der U-Bahn fahren.)

- Die regelmäßigen Formen des condicional simple werden wie das Futur aus dem Infinitiv gebildet: deber – debería, deberías usw.
- Gebrauch: Das condicional simple bezieht sich auf die Gegenwart oder Zukunft und wird v. a. in folgenden Fällen verwendet:
  - bei einem hypothetischen Sachverhalt oder Wunsch: Me encantaría poder ir a la fiesta. (Ich würde [so] gerne zum Fest gehen. / Ich würde mich sehr freuen, zum Fest gehen zu können.)
  - bei einer Aufforderung oder einem Ratschlag: Tendrías que levantarte más temprano. (Du müsstest früher aufstehen.)
  - im Hauptsatz eines irrealen Bedingungssatzes, wenn im Nebensatz, d. h. im si-Satz, subjuntivo imperfecto steht: Si pudiera, me quedaría en casa leyendo. (Wenn ich könnte, würde ich gerne zu Hause bleiben und lesen.)
  - in der indirekten Rede, wenn der Hauptsatz in einer Zeit der Vergangenheit steht und die Handlung im Nebensatz in die Zukunft weist: José dijo que él compraría la bebida. (José sagte, dass er die Getränke kaufen würde.)

- bei einer Vermutung über bereits Geschehenes: Ayer alguien llamó a las tres de la madrugada. – Sería Juan. (Gestern hat jemand um drei Uhr nachts angerufen. – Das wird wohl Juan gewesen sein.)

Verbformen ▸ A I, 6.1

condicional perfecto
(Konditional II / zusammengesetzte Bedingungsform)

Te habría dicho que los conductores del metro están en huelga. (Ich hätte dir gesagt, dass die U-Bahnfahrer streiken.)

- Das <u>condicional perfecto</u> wird mit dem <u>condicional simple</u> des Verbs <u>haber</u> und dem Partizip Perfekt gebildet: <u>habría dicho</u>, <u>habrías dicho</u> usw.
- <u>Gebrauch</u>: Das <u>condicional perfecto</u> bezieht sich auf die Vergangenheit und wird im wesentlichen in folgenden Fällen verwendet:
  - bei einem hypothetischen Sachverhalt oder Wunsch: Me habría gustado conocerla. (Ich hätte sie gerne kennengelernt. / Es hätte mir gefallen, sie kennenzulernen.)
  - im Hauptsatz eines irrealen Bedingungssatzes, wenn im Nebensatz, d.h. im <u>si</u>-Satz, <u>subjuntivo pluscuamperfecto</u> steht: Si Carlos te hubiera querido de verdad, te habría llamado. (Wenn Carlos dich wirklich geliebt hätte, hätte er dich angerufen.)
  - in der indirekten Rede als eine Art Futur der Vergangenheit, wenn der Satz der direkten Rede im <u>futuro perfecto</u> steht: En dos meses habremos terminado la obra. – El ingeniero dijo que habrían terminado la

obra en dos meses. (In zwei Monaten werden wir den Bau fertiggestellt haben. – Der Ingenieur sagte, dass sie den Bau in zwei Monaten fertiggestellt haben würden.)
– bei einer Vermutung über Vorvergangenes, d.h. über ein Ereignis, das vor einem anderen Ereignis stattgefunden hat: Ayer la policía pasó por nuestra calle. Habría pasado algo. (Gestern fuhr die Polizei unsere Straße entlang. Da war wohl etwas passiert.)

Verbformen ▶ A I, 6.2

conducir (fahren, steuern, führen)

Präsens: conduzco, conduces, conducimos, conducís, conducen
Pretérito indefinido: conduje, condujiste, condujo, condujimos, condujisteis, condujeron
Partizip Perfekt: conducido (gefahren)
Verbformen ▶ A I

conmigo, contigo, consigo
(mit mir, mit dir, mit sich)

Me gustaría ir al cine contigo. (Ich würde gerne mit dir ins Kino gehen.)

- conmigo, contigo und consigo sind Verschmelzungen aus der Präposition con und den betonten Objektpronomen mí, ti und sí. Sie bilden eine Ausnahme. Alle anderen Formen sind regelmäßig und werden getrennt geschrieben:

con él, con ella, con nosotros/-as, con vosotros/-as, con

ellos/ellas, con usted/ustedes (mit ihm, mit ihr, mit uns, mit euch, mit ihnen, mit Ihnen). ▸ **Personalpronomen (betont)**

Kurztest ▸ A III, KT 8

¿cuál?/¿cuáles?
(welcher/welche/welches?, was für einer/eine/eins?)

¿Cuál es tu contraseña? (Welches / Was für ein Passwort hast du?), ¿Cuáles de estos libros has leído? (Welche Bücher [von diesen hier] hast du gelesen?)

- Das Fragewort cuál fragt nach Personen oder Gegenständen und steht normalerweise ohne Substantiv. Es trägt immer einen Akzent.
- So auch in der indirekten Rede bzw. Frage: Me pregunto cuál de estos es mi abrigo. (Ich frage mich, welcher von diesen Mänteln meiner ist.) ▸ **Indirekte Rede**

Kurztest ▸ A III, KT 17

cuando (als, [immer] wenn)

Cuando llegué, Antonia ya se había ido. (Als ich ankam, war Antonia schon gegangen.) Cuando lleguemos a casa, prepararemos la cena. (Wenn wir zu Hause sind, werden wir das Abendessen vorbereiten.)

- Die Konjunktion cuando leitet einen temporalen Nebensatz ein.
- Wenn sich der Nebensatz auf etwas Gegenwärtiges oder Vergangenes bezieht, steht das Verb im Indikativ. Wenn cuando aber einen Satz einleitet, der auf etwas Zukünftiges hinweist, wird der subjuntivo verwendet: Cuando se

pulsa este botón, la máquina se pone en marcha. (Immer wenn man diesen Knopf betätigt, startet die Maschine.) <u>Cuando</u> sonó el teléfono, estaba en la ducha. (Als das Telefon klingelte, war ich unter der Dusche.); aber: <u>Cuando</u> vuelvas (subjuntivo!) del colegio, compra pan. (Wenn du aus der Schule kommst, kauf bitte Brot ein.) ▸ **subjuntivo**

Kurztest ▸ A III, KT 9

¿cuándo? (wann?)

¿Cuándo sales del trabajo? (Wann kommst du von der Arbeit?)

- Das Fragewort <u>cuándo</u> fragt nach der Zeit. Es steht allein oder mit einer Präposition: ¿<u>Desde cuándo</u> fumas? (Seit wann rauchst du?). Es trägt immer einen Akzent.
- So auch in der indirekten Rede: Pregúntale <u>cuándo</u> quiere comer. (Frag sie, wann sie essen möchte.) ▸ **Indirekte Rede**

Kurztest ▸ A III, KT 17

¿cuánto?/¿cuántos? (wie viel?, wie viele?)

¿Cuántos años tiene tu hermana? (Wie alt ist deine Schwester? / Wie viele Jahre ist deine Schwester alt?)

- Das Fragewort <u>cuánto</u> fragt nach der Anzahl und der Menge. Es richtet sich in Geschlecht und Zahl nach seinem Bezugswort: ¿<u>Cuántas</u> patatas tengo que pelar todavía? (Wie viele Kartoffeln muss ich noch schälen?) Es trägt immer einen Akzent.
- So auch in der indirekten Rede bzw. Frage: Quiero saber

<u>cuánto</u> dinero tienes. (Ich möchte wissen, wie viel Geld du hast.) ▶ **Indirekte Rede**
- <u>cuánto</u> kann auch ohne Substantiv stehen: ¿<u>Cuántos</u> de estos niños conoce y <u>cuántos</u> no conoce? (Wie viele von den Kindern kennt er und wie viele [kennt er] nicht?)

Kurztest ▶ A III, KT 17

D

dar (geben)

Präsens: doy, das, da, damos, dais, dan
Pretérito indefinido: di, diste, dio, dimos, disteis, dieron
Partizip Perfekt: dado (gegeben)
Verbformen ▶ A I

de (von, aus)

Soy de Colonia. (Ich komme aus Köln.) El CD es de mi padre. (Die CD gehört meinem Vater.) Este vaso es de plástico. (Dieser Becher ist aus Plastik.)
- Funktion: Die Präposition de drückt hauptsächlich die Herkunft / den Ursprung von jemandem oder etwas aus, gibt den Besitz an und beschreibt die Beschaffenheit einer Sache.
- Mit einigen Verben bildet die Präposition de feste Verbindungen (perífrasis verbales), z. B. acabar de + Infinitiv: Ya he acabado de fregar los platos. (Ich habe gerade abgespült.); dejar de + Infinitiv: Hemos dejado de fumar. (Wir haben aufgehört zu rauchen.); estar a punto de + Infinitiv: Está a punto de llorar. (Er ist den Tränen nahe.)
- de wird auch bei der Angabe einer Menge eingesetzt.
  ▶ **Mengenangaben**

Kurztest ▶ A III, KT 10

decir (sagen)

Präsens: digo, dices, dice, decimos, decís, dicen
Pretérito indefinido: dije, dijiste, dijo, dijimos, dijisteis, dijeron
Partizip Perfekt: dicho (gesagt)
Verbformen ▸ A I

Demonstrativbegleiter und -pronomen

▸ este/esta, ese/esa, aquel/aquella
▸ esto, eso, aquello

desde (von ... aus; seit)

Desde mi casa veo el mar. (Von meinem Haus aus sehe ich das Meer.) No he vuelto a Israel desde 1998. (Ich bin seit 1998 nicht mehr nach Israel gereist.)
- Funktion: Die Präposition desde dient zur Angabe einer Zeit oder eines Ortes.
- Bei der Zeitangabe entspricht desde dem deutschen »seit« und wird nur verwendet, um einen Zeitpunkt anzugeben, z.B. ein Datum oder eine Uhrzeit, nicht aber einen Zeitraum: desde 2007 (seit 2007), desde ayer (seit gestern), desde las 10:00 (seit 10:00 Uhr).

▸ **desde hace, hace**
Kurztest ▸ A III, KT 11

desde hace (seit)

Vivo en Alemania desde hace doce años. (Ich wohne seit zwölf Jahren in Deutschland.)
- Funktion: desde hace entspricht dem deutschen »seit« und wird ausschließlich verwendet, um einen Zeitraum auszudrücken, nicht aber einen Zeitpunkt: desde hace dos semanas (seit zwei Wochen); desde hace un mes (seit einem Monat); desde hace tres años (seit drei Jahren).

▶ **desde, hace**
Kurztest ▶ A III, KT 12

después de + Infinitiv / después de que [+ subjuntivo] (nachdem)

Después de desayunar leí el periódico. (Nachdem ich gefrühstückt hatte, habe ich die Zeitung gelesen.) Recogimos los platos después de que los invitados se fueran. (Wir haben den Tisch abgeräumt, nachdem die Gäste gegangen waren.)
- Die Infinitivkonstruktion mit después de ersetzt einen Nebensatz. Sie wird ausschließlich verwendet, wenn das Subjekt in Haupt- und Nebensatz dasselbe ist: Leyó (él) la carta después de sentarse (él). (Er las den Brief, nachdem er sich hingesetzt hatte.)
- Die temporale Konjunktion después de que leitet einen Nebensatz ein. Sie kommt immer dann zum Einsatz, wenn die Subjekte in Haupt- und Nebensatz verschieden sind. Bezieht sich der Nebensatz auf die Vergangenheit, steht das Verb im Indikativ. Ist von etwas Zukünftigem die Rede, steht das Verb im subjuntivo: Organiza-

mos una gran fiesta <u>después de que</u> volvieron de su viaje. (Wir haben eine große Feier veranstaltet, nachdem sie von ihrer Reise zurückgekommen waren.) Organizaremos una gran fiesta <u>después de que</u> vuelvan de su viaje. (Wir werden eine große Feier veranstalten, nachdem/ wenn sie von ihrer Reise zurückgekommen sind.) ▸ **subjuntivo**
▸ **antes de + Infinitiv / antes de que + subjuntivo**
Kurztest ▸ A III, KT 13

¿dónde? (wo?)

¿Dónde están las llaves? (Wo sind die Schlüssel?)

- Das Fragewort <u>dónde</u> fragt nach dem Ort und kann allein oder mit einer Präposition stehen: ¿adónde? (wohin?), ¿de dónde? (woher?), ¿por dónde? (durch welchen Ort? / wo hindurch?). Es trägt immer einen Akzent.
- So auch in der indirekten Rede: Quiero saber <u>dónde</u> ha dejado las llaves. (Ich möchte wissen, wo er die Schlüssel gelassen hat.) ▸ **Indirekte Rede**

Kurztest ▸ A III, KT 17

durante (während)

Durante la misa no se puede hablar. (Während der Messe darf man nicht sprechen.)

- <u>Funktion:</u> Die Präposition <u>durante</u> drückt die Gleichzeitigkeit zweier Handlungen oder Ereignisse aus und kann auch eine Zeitspanne angeben: durante tres días (drei Tage lang).

- Um einen Temporalsatz der Gleichzeitigkeit zu bilden, muss man die Konjunktion <u>mientras</u> verwenden.
  ▸ **mientras**

E

elegir (wählen, auswählen)

<u>Präsens:</u> elijo, eliges, elige, elegimos, elegís, eligen
<u>Pretérito indefinido:</u> elegí, elegiste, eligió, elegimos, elegisteis, eligieron
<u>Partizip Perfekt:</u> elegido ([aus]gewählt)
Verbformen ▸ A I

en (in, auf, an)

Nací en España. (Ich bin in Spanien geboren.)
- <u>Funktion:</u> Die Präposition <u>en</u> macht häufig Angaben zum Ort. Sie entspricht dabei verschiedenen deutschen Präpositionen, wie z. B. <u>in, auf</u> oder <u>an</u>: El libro está <u>en</u> la mesa. (Das Buch liegt auf dem Tisch.) Weitere Funktionen sind:
    – die Angabe der Jahreszeit, des Monats oder eines Zeitraums: El curso empieza <u>en</u> marzo. (Der Kurs beginnt im März.) Empiezo a trabajar <u>en</u> dos semanas. (Ich fange in zwei Wochen an zu arbeiten.)
    – die Angabe des Fortbewegungsmittels: <u>en</u> coche (mit dem Auto), <u>en</u> tren (mit dem Zug), <u>en</u> avión (mit dem Flugzeug), <u>en</u> bicicleta (mit dem Fahrrad); Ausnahme: <u>a</u> pie (zu Fuß).

Kurztest ▸ A III, KT 14

entre (zwischen; unter)

El niño está entre el árbol y el banco. (Das Kind ist zwischen dem Baum und der Bank.)
- <u>Funktion:</u> Die Präposition <u>entre</u> wird vorwiegend verwendet, um eine Ortsangabe zu machen, und hat in dieser Funktion die Bedeutung »zwischen«.
- Eine weitere Bedeutung ist »unter« bzw. »von«: <u>Entre</u> todos los escritores latinoamericanos, García Márquez es el que me gusta más. (Von allen lateinamerikanischen Schriftstellern gefällt mir García Márquez am besten.); entre amigos (unter Freunden), entre otras cosas (unter anderem).

escribir (schreiben)

<u>Präsens:</u> escribo, escribes, escribe, escribimos, escribís, escriben
<u>Partizip Perfekt:</u> escrito (geschrieben)
Verbformen ▶ A I

ese/esa (diese/-r/-s [… da], der/die/das [… da])

Ese libro es mío. (Dieses Buch da gehört mir.)
- Der hinweisende Begleiter (Demonstrativbegleiter) <u>ese</u> bestimmt das Substantiv näher und richtet sich nach ihm in Geschlecht und Zahl. Es steht in der Regel vor dem Substantiv: esos niños (diese Kinder da), esas historias (diese Geschichten).
- <u>ese</u> bezieht sich auf Personen und Gegenstände, die sich etwas entfernt vom Sprecher befinden. Diese Entfer-

nung kann räumlich oder zeitlich gemeint sein: <u>Ese</u> chico nos está mirando. (Dieser Junge da schaut uns an.) <u>Ese</u> día no pude ir a la fiesta. (An dem Tag konnte ich nicht zur Party gehen.) <u>Esa</u> mujer es muy rara. (Die/Diese Frau verhält sich sehr merkwürdig.)

- <u>ese</u> kann auch pronominal verwendet werden, d.h. es kann an die Stelle eines Substantivs treten und heißt dann »Demonstrativ<u>pronomen</u>«: <u>Esa</u> es nuestra casa. (Das da ist unser Haus.)

Kurztest ▸ A III, KT 15

eso (das [... da])

Recoge eso del suelo. (Heb das da vom Boden auf.)

- <u>eso</u> wird ausschließlich pronominal, d.h. ohne Substantiv, verwendet, ist sächlich und unveränderlich. Es verweist auf etwas, das sich räumlich oder zeitlich ein wenig entfernt vom Sprecher befindet; dabei kann es sich um einen Gegenstand oder einen bereits erwähnten Sachverhalt handeln: <u>Eso</u> es muy interesante. (Das [was du da erzählst] ist sehr interessant.)

estar (sein, sich befinden)

<u>Präsens</u>: estoy, estás, está, estamos, estáis, están
<u>Pretérito indefinido</u>: estuve, estuviste, estuvo, estuvimos, estuvisteis, estuvieron
<u>Partizip Perfekt</u>: estado (gewesen)
Verbformen ▸ A I
Gebrauch ▸ A I, 11., 13., 14.
Kurztest ▸ A III, KT 16

este/esta (diese/-r/-s, der/die/das [...hier])

Este libro es mío. (Dieses Buch gehört mir.)
- Der hinweisende Begleiter (Demonstrativbegleiter) <u>este</u> bestimmt das Substantiv näher und richtet sich nach ihm in Geschlecht und Zahl. Es steht in der Regel vor dem Substantiv: estos vinos (diese Weine), estas casas (diese Häuser).
- <u>este</u> bezieht sich auf Personen und Gegenstände, die sich in unmittelbarer Nähe des Sprechers befinden. Diese Nähe kann räumlich oder zeitlich gemeint sein: ¿<u>Estos</u> libros son tuyos? (Gehören dir die Bücher [hier]?) <u>Esta</u> semana he trabajado mucho. (Diese Woche habe ich viel gearbeitet.)
- <u>este</u> kann auch pronominal verwendet werden, d.h. es kann an die Stelle eines Substantivs treten und heißt dann »Demonstrativ<u>pronomen</u>«: Esta [película] no la he visto. (Diesen/Den [Film] habe ich nicht gesehen.)

Kurztest ▸ A III, KT 15

esto (das [... hier])

¿Cuánto cuesta esto? (Wie viel kostet das?)
- <u>esto</u> wird ausschließlich pronominal, d.h. ohne Substantiv, verwendet, ist sächlich und unveränderlich. Es verweist auf etwas, das sich räumlich oder zeitlich gesehen in unmittelbarer Nähe des Sprechers befindet; dabei kann es sich um einen Gegenstand oder einen bereits erwähnten Sachverhalt handeln: <u>Esto</u> no le gusta a Juan. (Das / Die Sache gefällt Juan nicht.)

F

Fragesatz

¿Has comprado pan? (Hast du Brot gekauft?) ¿Por qué lloras? (Warum weinst du?)

- Im Spanischen gibt es wie im Deutschen zwei Möglichkeiten, eine Frage zu stellen: ohne Fragewort (Entscheidungsfrage, die Antwort lautet »ja« oder »nein«) und mit Fragewort (Ergänzungsfrage, die Antwort gibt Auskunft über das »Wieso«, »Wo«, »Wann« usw.).
- Bei den Ergänzungsfragen steht das Subjekt, sofern es genannt wird, nach dem Verb: ¿Qué vas a hacer (tú) mañana? (Was machst du morgen?) ¿Dónde está Laura? (Wo ist Laura?) Eine Ausnahme bildet das kubanische Spanisch. Es nennt meistens das Subjekt und stellt es vor das Verb: ¿Qué tú quieres? (Was willst du?)
- Bei den Entscheidungsfragen kann man Subjekt und Verb wie im Deutschen vertauschen, oder aber man behält die Wortstellung des Aussagesatzes bei (Intonationsfrage). In diesem Fall ist nur an der Betonung bzw. im geschriebenen Text an den Fragezeichen zu erkennen, dass es sich um eine Frage handelt: ¿Está lista la cena? / ¿La cena está lista? (Ist das Abendessen fertig?)

▸ **Indirekte Frage**

Fragewörter

▸ **¿cómo?, ¿cuál?/¿cuáles?, ¿cuándo?, ¿cuánto?/ ¿cuántos?, ¿dónde?, ¿qué?, ¿quién?/¿quiénes?**
Kurztest ▸ A III, KT 17

futuro simple (Futur I)

El partido empezará a las ocho de la tarde. (Das Spiel wird um acht Uhr abends beginnen.)

- Bildung: Die regelmäßigen Formen des Futur I werden wie beim Konditional aus dem Infinitiv gebildet: hablar – hablaré, hablarás usw.
- Gebrauch: Das Futur I wird für folgende Zwecke verwendet:
  - um über Vorgänge zu sprechen, die in der Zukunft liegen: El año que viene mi hijo terminará la carrera. (Nächstes Jahr wird mein Sohn sein Studium beenden.)
  - um eine Vermutung oder Wahrscheinlichkeit in der Gegenwart auszudrücken: Pablo tendrá unos cuarenta años. (Pablo wird ungefähr vierzig sein.) Serán las diez. (Es wird wohl 10 Uhr sein.)
  - um Befehle oder Verbote auszudrücken. In diesem Fall ersetzt das Futur I den Imperativ: Harás lo que te diga. (Du wirst machen, was ich dir sage.) No matarás. (Du sollst nicht töten.)
- In der Alltagssprache wird das Futur I selten zum Ausdruck von Zukünftigem verwendet. Stattdessen wird entweder das Präsens oder die Verbalperiphrase ir + a + Infinitiv gebraucht: Mañana empiezan las vacaciones. (Morgen beginnen die Ferien.) El tren va a llegar con retraso. (Der Zug wird mit Verspätung ankommen.)

Verbformen ▶ A I, 5.1
▶ **ir a + Infinitiv**

futuro perfecto (Futur II)

El martes a esta hora ya habré hecho la entrevista. (Am Dienstag um diese Uhrzeit werde ich das Vorstellungsgespräch schon gehabt / hinter mir haben.)

- Bildung: Das Futur II wird mit dem Futur I des Verbs <u>haber</u> und dem Partizip Perfekt gebildet: <u>habré dicho</u>, <u>habrás dicho</u> usw.
- Gebrauch: Das Futur II wird für folgende Zwecke verwendet:
  - um über Vorgänge zu sprechen, die zu einem bestimmten Zeitpunkt in der Zukunft schon abgeschlossen sein werden: Cuando tú llegues a casa, yo todavía no habré terminado de cocinar. (Wenn du nach Hause kommst, werde ich noch nicht mit dem Kochen fertig sein.)
  - um eine Vermutung oder Wahrscheinlichkeit bzgl. etwas bereits Geschehenem auszudrücken: ¿Porqué no viene Ana? – Habrá pasado algo. (Es wird wohl etwas passiert sein.)

Verbformen ▶ A I, 5.2

G

gerundio (Gerundium)

Luís está trabajando. (Luís arbeitet gerade.)

- Das Gerundium wird durch Anhängen der Endung -ando bei den Verben auf -ar und -iendo bei den Verben auf -er und -ir gebildet: cantar – cantando, comer – comiendo, escribir – escribiendo. Folgende Besonderheiten sind zu beachten:
  - In wenigen Fällen lautet die Endung nicht -iendo, sondern -yendo: leer – leyendo, caer – cayendo.
  - Bei einigen Verben wird der Stammvokal e zu i: pedir – pidiendo, corregir – corrigiendo.
  - Bei einigen Verben wird der Stammvokal o zu u: dormir – durmiendo, poder – pudiendo.
- Das Gerundium ist eine unveränderliche Form des Verbs und hat keine Entsprechung im Deutschen. Es wird vorwiegend verwendet, um:
  - in Kombination mit estar auszudrücken, dass eine Handlung gerade im Gange ist: Los niños están jugando. (Die Kinder spielen gerade.)
  - wie ein Adverb die Art und Weise zu beschreiben: Me contó el accidente llorando. (Weinend erzählte er mir von dem Unfall.)
  - in zahlreichen Verbalperiphrasen v.a. die Dauer und das Fortschreiten einer Handlung auszudrücken: Llevan tres horas escuchando música. (Sie hören schon seit drei Stunden Musik.) Raquel continúa pensando que la decisión es injusta. (Raquel glaubt immer noch, dass die Entscheidung unfair ist.)

Kurztest ▶ A III, KT 18

Grundform (des Verbs)

▸ Infinitiv

Grundzahlen

Tengo dieciséis alumnos. (Ich habe sechzehn Schüler.) Mi abuela murió a los ochenta y siete años. (Meine Großmutter ist mit siebenundachtzig Jahren gestorben.)

- Die Grundzahlen von 0 bis 99:

  0 cero

1 uno/un/una	11 once	21 veintiuno/-ún/-una
2 dos	12 doce	22 veintidós
3 tres	13 trece	23 veintitrés
4 cuatro	14 catorce	24 veinticuatro
5 cinco	15 quince	25 veinticinco
6 seis	16 dieciséis	26 veintiséis
7 siete	17 diecisiete	27 veintisiete
8 ocho	18 dieciocho	28 veintiocho
9 nueve	19 diecinueve	29 veintinueve
10 diez	20 veinte	30 treinta

40 cuarenta	50 cincuenta	60 sesenta
70 setenta	80 ochenta	90 noventa

- Die zusammengesetzten Zahlen von 16 bis 29 werden zusammengeschrieben. Ab der Zahl 30 werden die Zehner und Einer durch die Konjunktion »y« (und) verbunden:

33 treinta y tres	36 treinta y seis	45 cuarenta y cinco
51 cincuenta y uno	68 sesenta y ocho	73 setenta y tres
88 ochenta y ocho	99 noventa y nueve	

- Seit der Ausgabe von Dezember 2010 des Werks *Ortografía de la lengua española* der Königlichen Akademie der Sprache (RAE) ist es auch erlaubt, diese Zahlen zusammenzuschreiben: sesentaiuno (einundsechzig), cuarentaitrés (dreiundvierzig). Diese Schreibweise hat sich jedoch noch nicht allgemein durchgesetzt.
- Das Zahlwort <u>uno</u> verhält sich wie der unbestimmte Artikel: Es stimmt mit dem Geschlecht des zugehörigen Substantivs überein; jedoch steht es immer im Singular: Me han llegado cuarenta y <u>una</u> respuestas a mi petición. (Ich habe einundvierzig Antworten auf meine Anfrage erhalten.) Vor männlichen Substantiven entfällt das <u>o</u> von <u>uno</u>: Enero y marzo tienen treinta y <u>un</u> días. (Januar und März haben einunddreißig Tage.)

▸ **Artikel**

- <u>Die Grundzahlen von 100 bis 999:</u>

100 cien/ciento	400 cuatrocientos/-as	700 setecientos/-as
200 doscientos/-as	500 quinientos/-as	800 ochocientos/-as
300 trescientos/-as	600 seiscientos/-as	900 novecientos/-as

325 trescientos veinticinco	673 seiscientos setenta y tres	999 novecientos noventa y nueve

- Cien wird nur für die Zahl 100 eingesetzt. Für die Zahlen 101 bis 199 verwendet man immer <u>ciento</u>: Este abrigo cuesta cien euros. (Dieser Mantel kostet hundert Euro.) Mi tío colecciona pipas antiguas. De momento ya tiene ciento cuarenta y tres. (Mein Onkel

sammelt antike Pfeifen. Im Moment hat er schon hundertdreiundvierzig.)
- Die Zahlen 200 bis 900 richten sich in Geschlecht und Zahl nach dem Substantiv: trescient<u>os</u> coches (dreihundert Autos), quinient<u>as</u> treinta y ocho sillas (fünfhundertachtunddreißig Stühle).
- Steht <u>ciento</u> zusammen mit einem Substantiv, so wird die Präposition <u>de</u> eingefügt: cientos de euros (Hunderte von Euros).

- <u>Die Grundzahlen ab 1.000:</u>

1.000 mil	100.000 cien mil
1.001 mil uno/un/una	100.001 cien mil uno/un/una
1.400 mil cuatrocientos	120.000 ciento veinte mil
2.000 dos mil	300.000 trescientos mil
3.000 tres mil	1.000.000 un millón
5.000 cinco mil	5.000.000 cinco millones
10.000 diez mil	1.000.000.000 mil millones
20.000 veinte mil	1.000.000.000.000 un billón

124.378 ciento veinticuatro mil trescientos setenta y ocho
2.694.301 dos millones seiscientos noventa y cuatro mil trescientos uno

- Die Zahlen <u>millón</u> und <u>billón</u> haben jeweils eine Pluralform: tres millones (drei Millionen), dos billones (zwei Billionen).
- Stehen <u>mil</u>, <u>millón</u> und <u>billón</u> mit einem Substantiv, so wird die Präposition <u>de</u> eingefügt: miles <u>de</u> personas (Tausende von Leuten; nur in dieser Funktion hat auch mil eine Pluralform!), dos millones <u>de</u> habitantes (zwei Millionen Einwohner), un billón de coches (eine Billion Autos).

- Eine Milliarde wird im Spanischen mit <u>mil millones</u> oder <u>millardo</u> wiedergegeben, wobei <u>mil millones</u> die bevorzugte Variante ist.
- <u>Gebrauch der Grundzahlen:</u>
  - Angabe einer <u>Menge</u> im allgemeinen: cuatro huevos (vier Eier), cientos de turistas (Hunderte von Touristen)
  - Angabe von <u>Geldbeträgen</u>:
    cuarenta dólares (40 Dollar)   cincuenta libras (50 Pfund)
    doscientos euros (200 Euro)   cuatrocientas cincuenta coronas (450 Kronen)
  - das Rechnen mit Zahlen – die <u>Grundrechenarten</u>:

suma / adición	$3 + 5 = 8$	tres más cinco es igual a ocho
resta / substracción	$10 - 6 = 4$	diez menos seis es igual a cuatro
multiplicación	$3 \times 3 = 9$	tres (multiplicado) por tres son nueve / es igual a nueve
división	$8 : 2 = 4$	ocho dividido por/entre dos son cuatro / es igual a cuatro

  - die <u>Prozentangaben</u>: Bei der Angabe von Prozenten wird immer der bestimmte oder der unbestimmte Artikel verwendet: Las ventas inmobiliarias han bajado <u>un</u> 30 %.) (Die Immobilienverkäufe haben um [ca.] 30 % abgenommen.) Sólo <u>el</u> 10 % de los alumnos han aprobado matemáticas. (Nur 10 % der Schüler haben in Mathematik bestanden.)
  - Weiterer Gebrauch ▸ **Zeitangaben**

H

hace (vor)

Hace tres días fui al médico. (Vor drei Tagen bin ich zum Arzt gegangen.)
- Die Präposition <u>hace</u> entspricht dem deutschen »vor« in seiner zeitlichen Bedeutung.
- <u>Funktion:</u> Mit <u>hace</u> gibt man einen <u>Zeitraum</u> an: hace dos horas (vor zwei Stunden), hace cincuenta años (vor fünfzig Jahren).

▶ **desde, desde hace**
Kurztest ▶ A III, KT 19

hacer (machen, tun)

<u>Präsens:</u> hago, haces, hace, hacemos, hacéis, hacen
<u>Pretérito indefinido:</u> hice, hiciste, hizo, hicimos, hicisteis, hicieron
<u>Partizip Perfekt:</u> hecho (gemacht)
Verbformen ▶ A I

hacia (nach, zu, in Richtung ..., gegen)

Se ha ido hacia el centro. (Er ist in Richtung Zentrum gefahren.)
- <u>Funktion:</u> Die Präposition <u>hacia</u> gibt die Richtung an. <u>Hacia</u> kann aber auch verwendet werden, um eine <u>ungefähre</u> Zeitangabe zu machen: Nos fuimos de la fiesta <u>hacia</u> las dos. (Wir sind gegen zwei Uhr von der Party weggegangen.)

hasta (bis)

Condujimos <u>hasta</u> Barcelona. (Wir fuhren bis Barcelona.)
Las entradas pueden comprarse <u>hasta</u> mañana. (Die Eintrittskarten kann man bis morgen kaufen.)
- <u>Funktion</u>: Die Präposition <u>hasta</u> kann ein Ziel angeben oder einen Termin benennen. Sie ist also sowohl räumlich als auch zeitlich verwendbar.

Kurztest ▸ A III, KT 20

hasta que (bis)

Ayer trabajé todo el día hasta que no pude más. (Gestern habe ich den ganzen Tag gearbeitet, bis ich nicht mehr konnte.) Espero contigo hasta que llegue tu madre. (Ich warte mit dir, bis deine Mutter kommt.)
- Wenn die Konjunktion <u>hasta que</u> einen Nebensatz einleitet, der sich auf die Vergangenheit bezieht, wird der Indikativ verwendet.
- Wenn der Nebensatz jedoch auf etwas Zukünftiges hinweist, steht das Verb im <u>subjuntivo</u>.

▸ **subjuntivo**
Kurztest ▸ A III, KT 20

hay (es gibt)

▸ **Unpersönliche Formen**
Gebrauch ▸ A I, 11.
Kurztest ▸ A III, KT 21

hay que + Infinitiv (man muss, man sollte)

En caso de accidente hay que actuar con precaución. (Im Falle eines Unfalls muss man vorsichtig vorgehen.)
- Die verbale Umschreibung (perífrasis verbal) hay que ist eine feste Verbindung aus hay (der unpersönlichen Form von haber), der Konjunktion que und einem Infinitiv. Hay que drückt eine Pflicht oder Notwendigkeit aus.

Kurztest ▸ A III, KT 21

I

Imperativ

▸ imperativo

imperativo (Imperativ/Befehlsform)

Dime lo que piensas. (Sag mir, was du denkst.) No pongas los pies en el sofá. (Leg deine Füße nicht auf das Sofa.)

- Mit Ausnahme des bejahten Imperativs der 2. Person Singular und Plural sind sämtliche bejahten und verneinten Imperativformen mit dem <u>subjuntivo presente</u> identisch: Hable más alto. (Sprechen Sie lauter.) ¡No digáis tonterías! (Erzählt keinen Blödsinn!)
- <u>bejahter Imperativ der 2. Person Singular</u>: Die regelmäßigen Formen des bejahten Imperativs der 2. Person Singular entsprechen den Präsensformen der 3. Person Singular: <u>habla</u> (sprich / er spricht), <u>come</u> (iss / er isst), <u>vuelve</u> (komm zurück / er kommt zurück), <u>pide</u> (bitte / er bittet). Es gibt auch eine Reihe von unregelmäßigen Formen, so z.B.: <u>di</u> (sag), <u>haz</u> (mach), <u>ve</u> (geh), <u>pon</u> (stell), <u>ven</u> (komm).
- <u>bejahter Imperativ der 2. Person Plural</u>: Für die Formen des Imperativs der 2. Person Plural wird das <u>-r</u> des Infinitivs durch <u>-d</u> ersetzt: <u>cantar</u> – <u>cantad</u> (singt); <u>comer</u> – <u>comed</u> (esst). In Hispanoamerika gibt es hiervon abweichende Formen. ▸ **A II**

▸ **subjuntivo**

▸ **Personalpronomen (unbetont), Stellung**

Verbformen ▸ A I, 10.

Imperfekt

▸ **pretérito imperfecto**

Indefinitpronomen und -begleiter

He comido demasiadas cerezas. (Ich habe zu viele Kirschen gegessen.) No vino nadie. (Es ist niemand gekommen.)
- Indefinitpronomen und -begleiter – im Ganzen auch Indefinita genannt – dienen dazu, eine unbestimmte Anzahl oder Menge von Personen und Gegenständen zu benennen.
- Die <u>Indefinitpronomen</u> werden pronominal verwendet, d. h. sie ersetzen ein Substantiv. Dieser Typ der Indefinita ist unveränderlich. Die gängigsten Indefinitpronomen sind <u>alguien</u> (jemand), <u>nadie</u> (niemand), <u>algo</u> (etwas) und <u>nada</u> (nichts): He traído <u>algo</u> para comer. (Ich habe etwas zum Essen mitgebracht.) No sé <u>nada</u>. (Ich weiß nichts.)
- Viele Indefinitpronomen können auch als <u>Indefinitbegleiter</u> verwendet werden, d. h. sie stehen wie ein Adjektiv vor dem Substantiv, auf das sie sich beziehen, und sind veränderlich. Die gängigsten sind <u>alguno/-a</u> (irgendein/-e), <u>algunos/-as</u> (manche, einige), <u>ninguno/-a</u> (kein/-e), <u>otro/-a/-os/-as</u> ([ein/-e] andere/-r/-s; noch ein/-e), <u>todo/-a/-os/-as</u> (jede/-r/-s; alle), <u>poco/-a/-os/-as</u> (wenig/-e), <u>mucho/-a/-os/-as</u> (viel/-e), <u>un/una</u> (ein/-e), <u>unos/unas</u> (einige, manche), <u>demasiado/-a/-os/-as</u> (zu viel/-e), <u>varios/-as</u> (mehrere, manche): Me lo ha dicho <u>todo</u>. (Er hat mir alles gesagt.) He leído <u>todos</u> estos libros. (Ich habe alle diese Bücher gelesen.)

Algunos no saben conducir bien. (Manche können nicht gut fahren.) Algunas veces viene a verme al trabajo. (Manchmal / »Manche Male« kommt er mich auf der Arbeit besuchen.)
- Neben diesen Indefinitbegleitern, die auch als Pronomen fungieren, gibt es einige wenige Indefinita, die ausschließlich adjektivisch, d. h. das Substantiv begleitend, verwendet werden, z. B. [un/una ...] cierto/-a/-os/-as ([ein/-e] gewisse/-r/-s) und das unveränderliche cada (jede/-r/-s): ciertos profesores (gewisse Lehrer), cada vez (jedes Mal).
- Besonderheit: Vor männlichen Substantiven werden alguno und ninguno zu algún bzw. ningún: Algún día seré rico. (Eines Tages werde ich reich sein.) Todavía no ha llegado ningún invitado. (Noch ist kein Gast gekommen.)

▸ **muy/mucho, otro/otra, todo/toda**

Kurztest ▸ A III, KT 22
Kurztest ▸ A III, KT 29

Indirekte Frage

Mónica ha preguntado dónde están las llaves. (Mónica hat gefragt, wo die Schlüssel sind.) Francisco quiso saber por qué no llamaron. (Francisco wollte wissen, warum sie nicht angerufen haben.)
- Die Regeln der Zeitenverschiebungen bei der indirekten Rede gelten auch für die indirekte Frage. ▸ **Indirekte Rede**
- Enthält die direkte Frage ein Fragewort (Ergänzungsfrage), so leitet dieses auch die indirekte Frage ein: José

María pregunta <u>dónde</u> nació Mercedes. (José María fragt, wo Mercedes geboren ist.)
- Wenn die direkte Frage kein Fragewort enthält (Entscheidungsfrage), wird die indirekte Frage mit <u>si</u> (ob) eingeleitet: Pilar quiere saber <u>si</u> podéis venir mañana a la fiesta. (Pilar möchte wissen, ob ihr morgen auf die Party kommen könnt.)

Kurztest ▶ A III, KT 23

Indirekte Rede

Pedro ha dicho: «El chocolate no me gusta.» (Pedro hat gesagt: »Schokolade schmeckt mir nicht.«) Pedro ha dicho que no le gusta el chocolate. (Pedro hat gesagt, dass ihm Schokolade nicht schmecke / schmecken würde.)

- Die indirekte Rede gibt das wieder, was jemand in direkter Rede gesagt oder gedacht hat.
- Im Deutschen kann das Verbindungswort (dass) entfallen. Im Spanischen muss es immer stehen, und im Gegensatz zum Deutschen wird dabei kein Komma gesetzt: Dice <u>que</u> quiere venir con nosotros. (Er sagt, er möchte mit uns kommen.)
- <u>Zeitenfolge</u> in der indirekten Rede:
  - Steht das einleitende Verb (hier »decir«) im Präsens oder Perfekt, bleibt im Nebensatz die Zeit aus der direkten Rede erhalten: «Hoy no he hecho nada / hoy no haré nada.» (»Heute habe ich nichts gemacht / werde ich nichts machen.«) Dice / Ha dicho que hoy no ha hecho / no hará nada. (Sie sagt / hat gesagt, dass sie heute nichts gemacht habe / nichts machen werde.)

- Steht das einleitende Verb in einer Zeit der Vergangenheit (<u>indefinido</u>, Imperfekt oder Plusquamperfekt), so findet eine Zeitenverschiebung statt:
  (1) Präsens in der direkten Rede wird zu Imperfekt in der indirekten Rede: «No <u>tengo</u> dinero.» (»Ich habe kein Geld.«) – Luís <u>dijo</u> que no <u>tenía</u> dinero. (Luís sagte, dass er kein Geld habe/hätte.)
  (2) Perfekt in der direkten Rede wird zu Plusquamperfekt in der indirekten Rede: «Ya <u>he tenido</u> vacaciones.» (»Ich habe schon Urlaub gehabt.«) – María <u>había dicho</u> que ya <u>había tenido</u> vacaciones. (María hatte gesagt, dass sie schon Urlaub hatte / gehabt hätte.)
  (3) <u>Indefinido</u> in der direkten Rede wird zu Plusquamperfekt in der indirekten Rede: «Ayer ya <u>llamé</u> a mi madre.» (»Gestern habe ich schon meine Mutter angerufen.«) – Carlos <u>pensaba</u> que el día antes ya <u>había llamado</u> a su madre. (Carlos dachte, dass er seine Mutter schon am Vortag angerufen hatte.)
  (4) Futur I in der direkten Rede wird zu <u>condicional</u> in der indirekten Rede: «Yo también <u>iré</u> al concierto.» (»Ich werde auch zum Konzert gehen.«) – Sara nos <u>aseguró</u> que ella también <u>iría</u> al concierto. (Sara versicherte uns, dass sie auch zum Konzert kommen werde/würde.)
- <u>Beachte:</u> Imperfekt und Plusquamperfekt lassen sich nicht weiter zurückverschieben: «Antes nunca <u>tenía</u> tiempo.» <u>Dijo</u> que antes nunca <u>tenía</u> tiempo. «<u>Había dormido</u> profundamente.» Nos <u>aseguró</u> que <u>había dormido</u> bien.

- Eine Untergruppe der indirekten Rede ist die Wiedergabe von Bitten und Befehlen. Diese stehen im Nebensatz der indirekten Rede im <u>subjuntivo</u>. Für die Zeitenverschiebung gelten die oben beschriebenen Regeln: «<u>Habla</u> más alto.» (Sprich lauter!) – <u>Dice</u> que <u>hables</u> más alto. (Er sagt, du sollst lauter sprechen.) – <u>Dijo</u> que <u>hablaras</u> más alto. (Er sagte, dass du lauter sprechen solltest.) – «Levántate.» (Steh auf!) – Te <u>pide</u> que te <u>levantes</u>. (Er bittet dich aufzustehen.) – Te <u>pedía</u> que te <u>levantaras</u>. (Er bat dich aufzustehen.)

Kurztest ▶ A III, KT 23a

Infinitiv (Grundform des Verbs)

Quiero comprarme un vestido nuevo. (Ich möchte mir ein neues Kleid kaufen.)

- Der Infinitiv ist die Grundform des Verbs, in der es im Wörterbuch zu finden ist.
- Wie das deutsche hat auch das spanische Verb vier <u>Infinitivformen</u>: eine aktive und eine passive Form des Infinitiv Präsens (einfache Infinitivform), z. B. saludar (begrüßen) – ser saludado (begrüßt werden) sowie eine aktive und eine passive Form des Infinitiv Perfekt (zusammengesetzte Infinitivform), z. B. haber saludado (begrüßt haben) und haber sido saludado (begrüßt worden sein).
- Der Infinitiv kann die Funktion eines Substantivs übernehmen und im Satz als Subjekt auftreten: <u>Cocinar</u> es divertido. (Kochen ist lustig.) Es kann Objekt sein: Se oye <u>el ladrar</u> de los perros. (Man hört das Bellen der Hunde.) Und es kann schließlich auch als Ergänzung ei-

nes Adjektivs fungieren: El alemán es difícil <u>de pronunciar</u>. (Deutsch ist schwierig auszusprechen.) Der substantivierte Infinitiv kann dabei mit oder ohne Artikel und Präposition stehen.
- In Verbindung mit einem konjugierten Verb hat der Infinitiv verbale Funktion. Solche Verbindungen nennt man <u>Infinitivkonstruktionen</u>.
  - Die Konstruktion steht jeweils <u>ohne</u> eingefügte Präposition bei den Modalverben wie <u>querer</u> (wollen) oder <u>saber</u> (können/wissen), den Verben der Wahrnehmung wie <u>ver</u> (sehen) oder <u>oír</u> (hören) und vielen anderen wie z. B. <u>desear</u> (wünschen), <u>necesitar</u> (brauchen), <u>permitir</u> (erlauben) und <u>ordenar</u> (befehlen): Sonia <u>sabe tocar</u> el piano y la guitarra. (Sonia kann Klavier und Gitarre spielen.) <u>Oigo cantar</u> a Pablo desde la calle. (Ich höre Pablo von der Straße aus singen.)
  - Bei Infinitivkonstruktionen <u>mit</u> Präposition spricht man von verbalen Umschreibungen (perífrasis verbales). Zu ihnen zählen u. a. <u>ir a hacer algo</u> (gleich etwas tun), <u>empezar a hacer algo</u> (anfangen etwas zu tun), <u>acabar de hacer algo</u> (soeben etwas getan haben), <u>volver a hacer algo</u> (etwas wieder tun), <u>dejar de hacer algo</u> (aufhören etwas zu tun): A sus setenta años, mi abuela <u>ha empezado a estudiar</u> Economía. (Mit ihren siebzig Jahren hat meine Großmutter angefangen, Wirtschaft zu studieren.) Mario y yo <u>hemos vuelto a casarnos</u>. (Mario und ich haben wieder geheiratet.)
- Der Infinitiv kann mit Hilfe einer Präposition einen Nebensatz verkürzen, wenn das Subjekt in Haupt- und Nebensatz dasselbe ist: <u>Después de comer</u> salí a dar un paseo. (Nachdem ich gegessen hatte, habe ich einen Spa-

ziergang gemacht.) Vicente resbaló <u>al salir de la tienda</u>. (Vicente rutschte aus, als er den Laden verließ.) Susana tuvo un accidente <u>por no haber dormido</u>. (Susana hatte einen Unfall, weil sie nicht geschlafen hatte.)

Verbformen ▸ A I, 1.1
Kurztest ▸ A III, KT 24

ir (gehen, fahren)

Präsens: voy, vas, va, vamos, vais, van
Pretérito indefinido: fui, fuiste, fue, fuimos, fuisteis, fueron
Partizip Perfekt: ido (gegangen)
Verbformen ▸ A I

ir a + Infinitiv (etwas gleich tun; etwas tun wollen)

Voy a colgar la ropa. (Ich hänge gleich die Wäsche auf.) La semana que viene vamos a comprar los muebles para el nuevo piso. (Nächste Woche kaufen wir die Möbel für die neue Wohnung / wollen wir die Möbel für die neue Wohnung kaufen.)

- Die verbale Umschreibung (perífrasis verbal) <u>ir a + Infinitiv</u> ist eine feste Verbindung zwischen dem Verb <u>ir</u>, der Präposition <u>a</u> und einem Infinitiv. Sie drückt eine nahe Zukunft sowie eine Absicht oder ein Vorhaben aus.

▸ **futuro simple**

J

jugar (spielen)

<u>Präsens:</u> juego, juegas, juega, jugamos, jugáis, juegan
<u>Pretérito indefinido:</u> jugué, jugaste, jugó, jugamos, jugasteis, jugaron
<u>Partizip Perfekt:</u> jugado (gespielt)
Verbformen ▸ A I

K

Kommasetzung

Dice que ahora no puede. (Er sagt, dass er jetzt nicht kann.)
Lamentablemente, tuvimos que cancelar la cita. (Leider mussten wir den Termin absagen.)

- Im Deutschen ist eine der Hauptfunktionen des Kommas die Trennung von Haupt- und Nebensätzen. Im Spanischen markiert das Komma v. a. die Sprechpausen.
- So wird das Komma im Spanischen in der Regel gesetzt:
  - zwischen den Teilen einer Aufzählung und vor <u>etc.</u> bzw. <u>etcétera</u>: Compra lo de siempre: leche, pan, verdura, etc. (Kauf bitte das Übliche: Milch, Brot, Gemüse usw.)
  - wenn ein mehrteiliger Satz mit dem Nebensatz beginnt: <u>Si llueve,</u> nos quedaremos en casa. (Wenn es regnet, werden wir zu Hause bleiben.) Beginnt der Satz mit dem Hauptsatz, wird das Komma nicht verwendet: Nos quedaremos en casa si llueve.
  - wenn der Satz mit einer Nebensatzverkürzung, z. B. in Form eines Gerundiums, beginnt: <u>Viendo al niño,</u> pensó en su propio hijo. (Als sie das Kind sah, dachte sie an ihren eigenen Sohn.)
  - bei vielen Adverbien, wenn sie den Satz einleiten oder eingeschoben werden: <u>Por cierto,</u> hay otros libros más interesantes de este autor. (Übrigens gibt es von diesem Autor interessantere Bücher.) Julia<u>, en cambio,</u> prefiere el vino tinto. (Julia hingegen zieht Rotwein vor.)
  - bei Relativsätzen, die lediglich eine Zusatzinforma-

tion liefern, die für das Verständnis des Hauptsatzes nicht unbedingt notwendig ist: Mi padre, que ya tenía noventa años, murió de cáncer. (Mein Vater, der schon neunzig Jahre alt war, starb an Krebs.) Ist die im Relativsatz enthaltene Information für das Verständnis des Hauptsatzes erforderlich, wird kein Komma gesetzt: La chica que estaba sentada a mi lado era muy simpática. (Das Mädchen, das neben mir saß, war sehr sympathisch.)

Kurztest ▸ A III, KT 25

Komparativ

▸ Steigerung des Adjektivs
▸ Steigerung des Adverbs

Konditional I und II

▸ condicional simple
▸ condicional perfecto

Konjunktionen

Pedro y Marta van a casarse. (Pedro und Marta werden heiraten.) Ricardo no pudo ir a trabajar porque estaba enfermo. (Ricardo konnte nicht zur Arbeit gehen, weil er krank war.)

- Konjunktionen verbinden Wörter und Sätze miteinander und werden darum auch »Bindewörter« genannt.
- Man unterscheidet zwischen nebenordnenden und unterordnenden Konjunktionen:

- <u>Nebenordnende Konjunktionen</u> verbinden Wörter bzw. Wortgruppen oder Hauptsätze. Die gebräuchlichsten nebenordnenden Konjunktionen sind <u>y</u> (und), <u>o</u> (oder), <u>pero</u> (aber), <u>sino</u> (sondern), <u>sin embargo</u> (trotzdem), <u>por eso</u> (deshalb): Compran la mesa <u>y</u> la alfombra. (Sie kaufen den Tisch und den Teppich.) No habla italiano, <u>por eso</u> no viaja nunca a Italia. (Er spricht kein Italienisch, deshalb reist er nie nach Italien.)
- Unterordnende Konjunktionen leiten einen Nebensatz ein. Der Nebensatz steht dabei je nach Sinn im Indikativ oder subjuntivo. Die gebräuchlichsten unterordnenden Konjunktionen sind <u>que</u> (dass), <u>como</u> (da, weil), <u>porque</u> (weil, denn), <u>para que</u> (damit), <u>aunque</u> (obwohl; selbst wenn), <u>antes de que</u> (bevor), <u>después de que</u> (nachdem), <u>mientras (que)</u> (während; solange), <u>hasta que</u> (bis): Te lo explico para que lo comprendas. (Ich erkläre es dir, damit du es verstehst).

▸ subjuntivo
▸ antes de que, aunque, después de que, hasta que, mientras, mientras que, para que
Kurztest ▸ A III, KT 26

Konjunktiv

▸ subjuntivo

L

leer (lesen)

<u>Präsens:</u> leo, lees, lee, leemos, leéis, leen
<u>Pretérito indefinido:</u> leí, leíste, leyó, leímos, leísteis, leyeron
<u>Partizip Perfekt:</u> leído (gelesen)
Verbformen ▶ A I

M

me, te, lo/la/le, nos, os, los/las/les

▸ **Personalpronomen** (unbetont)

Mengenangaben

Nos queda sólo medio kilo de patatas. (Wir haben nur noch ein halbes Kilo Kartoffeln.) Necesito 200 gramos de mantequilla para el pastel. (Ich brauche 200 Gramm Butter für den Kuchen.)

- Im Spanischen haben die Mengenangaben im Gegensatz zum Deutschen auch eine Pluralform: dos <u>kilos</u> de tomates (zwei Kilo Tomaten), 100 <u>gramos</u> de jamón dulce (100 Gramm gekochter Schinken).
- Folgt auf die Mengenangabe ein Substantiv, wird also ein Teil aus einer Menge bezeichnet, steht immer die Präposition <u>de</u>: un litro <u>de</u> agua (ein Liter Wasser), un cuarto (de kilo) <u>de</u> queso manchego (¼ Kilo Manchego-Käse).
- Vor <u>medio</u> entfällt der unbestimmte Artikel: En la nevera hay medio litro de leche y medio kilo de manzanas. (Im Kühlschrank gibt es einen halben / steht ein halber Liter Milch.)

Kurztest ▸ A III, KT 27

mientras (während; solange)

Mientras esperaba el autobús, leyó un poco. (Während er auf den Bus wartete, las er ein bisschen.) Mientras vivas

conmigo, tendrás que hacer lo que yo te diga. (Solange du bei mir wohnst, musst du tun, was ich dir sage.)
- In der Bedeutung von »während« folgt auf die Konjunktion <u>mientras</u> im Nebensatz der Indikativ, und zwar in der Gegenwart oder in der Vergangenheit.
- Wenn <u>mientras</u> »solange« bedeutet und sich auf Zukünftiges bezieht, steht das Verb des Nebensatzes im <u>subjuntivo presente</u>. Das Verb des Hauptsatzes steht dann in der Regel im Futur (Indikativ).

▸ **mientras que**
▸ **subjuntivo**

Kurztest ▸ A III, KT 28

mientras que (während)

Hoy hace un buen día, mientras que ayer no dejó de llover. (Heute ist schönes Wetter, während es gestern nicht aufhörte zu regnen.)
- Die Konjunktion <u>mientras que</u> drückt immer einen Gegensatz aus.

Kurztest ▸ A III, KT 28

muy/mucho (muy = sehr; mucho = sehr, viel)

Paula come muy bien. (Paula isst sehr gut.) Te quiero mucho. (Ich liebe dich sehr.) Antonio siempre trabaja mucho. (Antonio arbeitet immer viel.)
- Das Adverb <u>muy</u> bestimmt ein Wort oder einen ganzen Satz näher und entspricht dem deutschen »sehr«: Hablas <u>muy</u> bien el español. (Du sprichst sehr gut Spanisch.) <u>Muy</u> ist unveränderlich.

- Als Indefinitbegleiter dient <u>mucho/-a/-os/-as</u> dazu, eine unbestimmte Anzahl oder Menge von Personen oder Gegenständen zu bezeichnen, und entspricht dem deutschen »viel«: No tengo <u>mucha</u> hambre. (Ich habe nicht viel Hunger.) Sonsoles tiene <u>muchos</u> hermanos. (Sonsoles hat viele Geschwister.) Als Adverb begleitet <u>mucho</u> in der Bedeutung »sehr« ein Verb und ist unveränderlich: Lo siento <u>mucho</u>. (Das bedaure ich sehr.)

▸ **Adverb**
▸ **Indefinitpronomen und -begleiter**

Kurztest ▸ A III, KT 29

N

nada, nadie
▸ Indefinitpronomen und -begleiter

no (nein, nicht)
▸ Verneinung
Kurztest ▸ A III, KT 55

nunca
▸ Adverb

O

o (oder)

¿Qué zapatos me pongo, los marrones o los negros? (Welche Schuhe soll ich anziehen, die braunen oder die schwarzen?)

- o ist eine nebenordnende Konjunktion, die Wörter oder Sätze miteinander verbindet: ¿Qué quieres comer, la manzana o el plátano? (Was möchtest du essen, den Apfel oder die Banane?) Me quedo en casa o voy al cine. (Ich bleibe zu Hause oder gehe ins Kino.)
- Besonderheit: Wenn das auf o folgende Wort mit o- oder ho- beginnt, wird die Konjunktion o zu u: de un modo u otro (auf die eine oder andere Weise); Ahora no sé si tengo la cita mañana u hoy mismo. (Jetzt weiß ich nicht, ob ich den Termin morgen oder gleich heute habe.)

▸ **Konjunktionen**

oír (hören)

Präsens: oigo, oyes, oye, oímos, oís, oyen
Pretérito indefinido: oí, oíste, oyó, oímos, oísteis, oyeron
Partizip Perfekt: oído (gehört)
Verbformen ▸ A I

Ordnungszahlen

El primero de mayo es la fiesta del trabajo. (Der erste Mai ist der Tag der Arbeit.) Mi tercer hijo se llama Gonzalo. (Mein dritter Sohn heißt Gonzalo.)

- Die Ordnungszahlen (Auswahl):

1.° primero	11.° undécimo, decimoprimero	22.° vigésimosegundo
2.° segundo	12.° duodécimo, decimosegundo	30.° trigésimo
3.° tercero	13.° decimotercero	40.° cuadragésimo
4.° cuarto	14.° decimocuarto	50.° quincuagésimo
5.° quinto	15.° decimoquinto	60.° sexagésimo
6.° sexto	16.° decimosexto	70.° septuagésimo
7.° séptimo	17.° decimoséptimo	80.° octogésimo
8.° octavo	18.° decimoctavo	90.° nonagésimo
9.° noveno	19.° decimonoveno	100.° centésimo
10.° décimo	20.° vigésimo	1000.° milésimo

- Formen:
  - Ordnungszahlen sind Adjektive und richten sich in Geschlecht und Zahl nach dem Substantiv, auf das sie sich beziehen: Tengo historia en la segunda hora. (Ich habe Geschichte in der zweiten Stunde.) Los primeros en salir deberán dejar la puerta abierta. (Die ersten, die rausgehen, sollen bitte die Tür offen lassen.)
  - Besonderheit: Vor einem männlichen Substantiv im Singular entfällt bei primero und tercero das -o: el primer beso (der erste Kuss), el tercer vaso de vino (das dritte Glas Wein).
  - Die Ordnungszahlen werden in der Regel mit einem Punkt und einem hochgestellten o bei maskulinen

oder einem *a* bei femininen Substantiven geschrieben: 1.° el primero (der Erste), 4.ª la cuarta (die Vierte).
- Gebrauch:
  - Ordnungszahlen stehen in der Regel vor dem Substantiv: Vivo en el <u>octavo</u> piso. (Ich wohne im achten Stock.)
  - In der Alltagssprache sind nur die Ordnungszahlen bis 10 gebräuchlich. Danach werden die Grundzahlen bevorzugt: Eva vive en el piso 14 (= catorce). (Eva wohnt im 14. Stock). Ordnungszahlen ab 11 findet man eher im Schriftlichen und da v.a. in Fachtexten: El 1992 se celebró el <u>quingentésimo</u> aniversario del descubrimiento de América. (Im Jahr 1992 hat man den 500. Jahrestag der Entdeckung Amerikas gefeiert.)
▸ **Grundzahlen**

otro/otra ([ein/-e] andere/-r/-s; noch ein/-e/-er/-s)

Si no te gustan estos zapatos, cómprate otros. (Wenn dir diese Schuhe nicht gefallen, kauf dir andere.) Camarero, otro café con leche, por favor. (Herr Ober, noch einen Milchkaffee, bitte.)
- Wenn <u>otro/otra</u> ein Substantiv begleitet, ist es ein Indefinitbegleiter, wenn es ein Substantiv ersetzt, ist es ein Indefinitpronomen: Tengo otra idea. (Ich habe eine andere Idee.) Otros (turistas) prefieren la playa. (Andere ziehen den Strand vor.)
- Im Gegensatz zum Deutschen wird <u>otro/otra</u> nie mit dem unbestimmten Artikel verwendet.
▸ **Indefinitpronomen und -begleiter**
Kurztest ▸ A III, KT 30

P

para (für, um ... zu)

Esto es para Mónica. (Das ist für Mónica.) Hoy me voy a quedar en casa para descansar. (Heute bleibe ich zu Hause, um mich auszuruhen.)
- Die Präposition para gibt sehr häufig einen Zweck oder eine Absicht an. Sie kann aber z.B. auch räumlich verwendet werden: el tren para Valencia (der Zug nach/ Richtung Valencia).
- Ist das Subjekt in Haupt- und Nebensatz dasselbe, so wird para in der Bedeutung »um ... zu« mit einem Infinitiv verbunden: Me he apuntado al gimnasio para hacer (yo) deporte regularmente. (Ich habe mich im Fitnessstudio angemeldet, um regelmäßig Sport zu treiben.) Sind die Subjekte verschieden, wird die Konjunktion para que eingesetzt. ▶ **para que**

Kurztest ▶ A III, KT 31

para que + subjuntivo (damit)

Voy a comprar los huevos para que podamos hacer el pastel. (Ich gehe die Eier kaufen, damit wir den Kuchen backen können.)
- Die Konjunktion para que bringt einen Zweck oder eine Absicht zum Ausdruck.
- para que kommt immer dann zum Einsatz, wenn die Subjekte in Haupt- und Nebensatz verschieden sind. Dabei steht das Verb des Nebensatzes immer im subjuntivo: Te doy los platos para que los pongas en la mesa.

(Ich gebe dir die Teller, damit du sie auf den Tisch stellst.)
- **para**
- **subjuntivo**

Kurztest ▸ A III, KT 31

Passiv

La Quinta Sinfonía fue compuesta por Ludwig van Beethoven. (Die Fünfte Symphonie wurde von Ludwig van Beethoven komponiert.)

- Im Spanischen gibt es drei Arten des Passivs:
  (1) <u>Vorgangspassiv:</u> Das Vorgangspassiv wird mit der konjugierten Form des Verbs <u>ser</u> und dem Partizip Perfekt gebildet, das sich in Geschlecht und Zahl nach dem Subjekt richtet: La exposición de Picasso será inaugurada mañana. (Die Picasso-Ausstellung wird morgen eröffnet.) Das Vorgangspassiv beschreibt, was mit jemandem oder mit einer Sache geschieht bzw. gemacht wird. Soll der Urheber der Handlung genannt werden, so wird er mit der Präposition <u>por</u> angeschlossen: La carta es escrita <u>por</u> mi abuela. (Der Brief wird von meiner Oma geschrieben.) Das Vorgangspassiv wird im gesprochenen Spanisch selten gebraucht; es wird fast ausschließlich in der Schriftsprache verwendet.
  (2) <u>Zustandspassiv:</u> Das Zustandspassiv beschreibt das Ergebnis einer Handlung und wird mit der konjugierten Form des Verbs <u>estar</u> und dem Partizip Perfekt gebildet. Wie beim Vorgangspassiv richtet sich auch hier das Partizip Perfekt in Geschlecht und Zahl

nach dem Subjekt: La mesa ya está puesta. (Der Tisch ist schon gedeckt.) In einigen Fällen hat das Deutsche ein eigenes Verb, wo das Spanische auf ein Zustandspassiv zurückgreift: estar sentado/a = sitzen; estar acostado/a = liegen.

(3) <u>Pasiva refleja</u> (reflexives Passiv): Das reflexive Passiv wird mit dem Pronomen <u>se</u> und der aktiven Verbform gebildet. Es handelt sich also grammatikalisch betrachtet um eine Aktivkonstruktion, die im gesprochenen Spanisch deutlich bevorzugt wird. Das Verb richtet sich dabei nach dem (syntaktischen) Subjekt: En España se hablan cinco lenguas oficiales. (In Spanien werden fünf Amtssprachen gesprochen.) Beim reflexiven Passiv kann im Gegensatz zum Vorgangspassiv der eigentliche Urheber der Handlung nicht angegeben werden.

▸ **Unpersönliche Formen**

Kurztest ▸ A III, KT 32

pedir (bitten)

<u>Präsens:</u> pido, pides, pide, pedimos, pedís, piden
<u>Pretérito indefinido:</u> pedí, pediste, pidió, pedimos, pedisteis, pidieron
<u>Partizip Perfekt:</u> pedido (gebeten)
Verbformen ▸ A I

pero (aber)

▸ **Konjunktionen**

Personalpronomen (betont)

Él es muy bueno en inglés, y ella en alemán. (Er ist sehr gut in Englisch und sie in Deutsch.) A mí me encanta la música clásica, ¿y a ti? (Ich mag klassische Musik sehr gerne, und du?)

- Man unterscheidet bei den Personalpronomen je nach Funktion im Satz zwischen Subjekt- und Objektpronomen.
- Subjektpronomen (Wer?)
  Formen:

	Singular		Plural	
1. Person	yo	ich	nosotros/-as	wir
2. Person	tú / (vos)	du	vosotros-/as	ihr
3. Person	él	er	ellos	sie
	ella	sie	ellas	sie
	usted	Sie	ustedes	Sie (ihr)

Formen und Gebrauch:
- Die Subjektpronomen dienen als Subjekt des Satzes und stehen für eine odere mehrere Personen. Im Gegensatz zum Deutschen gibt es im Spanischen auch weibliche Pluralformen: <u>nosotras</u>, <u>vosotras</u> und <u>ellas</u>. Diese werden jedoch nur verwendet, wenn die zu bezeichnende Gruppe ausschließlich weiblich ist: ¿Vosotras vais a clases de ballet? (Geht ihr [die Mädchen] zum Ballettunterricht?)
- Die Subjektpronomen werden im Spanischen nur selten verwendet. Sie kommen v.a. dann zum Einsatz, wenn ein Gegensatz betont oder eine bzw. mehrere Personen hervorgehoben werden sollen: <u>Yo</u> soy de España, y <u>ellos</u> de Alemania. (Ich komme aus Spanien

und sie aus Deutschland.) Ella no sabe nada de eso. (Sie weiß nichts davon.)
- Neben der Form tú für die 2. Person Singular wird in vielen Ländern Hispanoamerikas auch vos verwendet. In den meisten Ländern Mittelamerikas und in Argentinien, Paraguay und Uruguay kommt fast ausschließlich diese Variante vor. ▸ A II
- Auch die Höflichkeitsform hat im Gegensatz zum Deutschen eine Pluralform (ustedes). Das Verb des Satzes steht dann entsprechend in der 3. Person Plural: ¿Saben ustedes dónde podemos aparcar? (Wissen Sie, wo wir parken können?)
- In Teilen Andalusiens, auf den Kanarischen Inseln und in ganz Hispanoamerika bedeutet ustedes auch »ihr«, wird also für die 2. Person Plural gebraucht. Das Verb steht dann aber in der 3. Person Plural. Die Formen »vosotros« und »vosotras« werden kaum verwendet: ¿Quieren (ustedes) dejar de hablar tan alto? (Wollt ihr mal aufhören, so laut zu sprechen?)

- Objektpronomen (Wen?/Wem?)
  Formen:

	Singular	Plural
1. Person	mí (mich/mir)	nosotros/-as (uns)
2. Person	ti (dich/dir)	vosotros/-as (euch)
3. Person	él (ihn/ihm)	ellos (sie/ihnen)
	ella (sie/ihr)	ellas (sie/ihnen)
	usted (Sie/Ihnen)	ustedes (Sie/Ihnen)

- Gebrauch:
  - Die betonten Objektpronomen werden nach Präpositionen verwendet: Lo hago por él. (Ich tue es für ihn.)
  - Sie dienen zur Verstärkung der unbetonten direkten

und indirekten Objektpronomen: <u>A mí</u> no <u>me</u> mires. (Schau mich nicht an.) <u>A ella</u> <u>le</u> escribo hoy mismo. (Ihr schreibe ich gleich heute.)
- Sie ermöglichen die Genusunterscheidung, da <u>le</u> und <u>les</u> sowohl weiblich als auch männlich sein können: Di<u>les</u> <u>a ellas</u> que vengan. (Sag ihnen, dass sie kommen sollen.)
- Sie stehen nach Verbalkonstruktionen mit Präposition: Hoy he pensado <u>en ti</u>. (Heute habe ich an dich gedacht.)
- Mit der Präposition <u>con</u> werden Sonderformen gebildet. ▶ **conmigo, contigo, consigo**

▶ **Personalpronomen (unbetont)**
Kurztest ▶ A III, KT 33

Personalpronomen (unbetont)

Me gusta este jersey, lo voy a comprar. (Dieser Pullover gefällt mir, ich werde ihn kaufen.) Pásame el pan, por favor. (Gib mir bitte das Brot.)
- Die unbetonten Personalpronomen dienen als Objekt des Satzes und stehen für eine oder mehrere Personen bzw. einen oder mehrere Gegenstände. Man unterscheidet zwischen direkten Objektpronomen, die in der Regel dem deutschen Akkusativobjekt entsprechen, und den indirekten Objektpronomen, die mit dem deutschen Dativobjekt vergleichbar sind.
  (1) <u>Die direkten Objektpronomen (Wen?/Was?)</u>
  Formen:

	Singular		Plural	
1. Person	me	mich	nos	uns

2. Person	te	dich	os	euch
3. Person	lo/la/(le)	ihn	los/las/(les)	sie (männl.)
		sie		sie (weibl.)
		es		
	lo/la/(le)	Sie	los/las/(les)	Sie/(euch)

Formen und Gebrauch:

- <u>leísmo:</u> In vielen Regionen Spaniens werden für das direkte Objekt statt <u>lo/la</u> bzw. <u>los/las</u> die Formen <u>le/les</u> verwendet. Dieses Phänomen nennt man <u>leísmo</u>. Oft wird dann zur Unterscheidung zwischen männlichen und weiblichen Objekten ein zweites Pronomen ergänzt: Di<u>le</u> la verdad <u>a él</u> / <u>a ella</u>. (Sage ihm/ihr die Wahrheit.) Die RAE stuft den <u>leísmo</u> als nicht normativ ein und akzeptiert lediglich die Verwendung von <u>le</u> statt <u>lo</u>, und zwar nur, wenn es sich um eine männliche Person handelt. In Hispanoamerika verwendet man hingegen ausschließlich <u>lo/los</u> bzw. <u>la/las</u>, sowohl für Personen als auch für Gegenstände. Spanien: ¿Has visto a Luis? – No, no <u>le</u> he visto. (Hast du Luis gesehen? – Nein, ich habe ihn nicht gesehen.); Hispanoamerika: ¿Has visto a Luís? – No, no <u>lo</u> he visto.

(2) <u>Die indirekten Objektpronomen (Wem?)</u>

Formen:

	Singular		Plural	
1. Person	me	mir	nos	uns
2. Person	te	dir	os	euch
3. Person	le	ihm/ihr	les	ihnen
	(la	ihr)	(las	ihnen, weibl.)
	le	Ihnen	les	Ihnen/(euch)

Formen und Gebrauch:
- loísmo/laísmo: In einigen Regionen Spaniens werden anstelle von le/les die Formen lo/los bzw. la/las verwendet, was von der RAE als nicht normativ eingestuft wird. Der laísmo ermöglicht die Genusunterscheidung, die bei einer gemeinsamen Form le/les für »ihm«, »ihr« bzw. »ihnen« nicht möglich ist: Le he regalado el nuevo CD de Amaral. (Ich habe ihm die neue CD von Amaral geschenkt.) La dije la verdad. (Ich sagte ihr die Wahrheit.) Obwohl die RAE den laísmo für grammatikalisch inkorrekt hält, ist sein Einfluss groß, vor allem in den Medien sowie in den Werken namhafter spanischer Schriftsteller. In vielen Teilen Spaniens und in ganz Hispanoamerika gibt es den loísmo und laísmo jedoch nicht; dort verwendet man für weibliche und männliche Personen und Gegenstände le und les: Le da la vuelta a la sartén. (Er dreht die Pfanne um.)

- Stellung:
  - Die unbetonten direkten und indirekten Objektpronomen stehen in der Regel vor dem konjugierten Verb; bei den zusammengesetzten Zeiten ist dies das Hilfsverb haber: Te quiero mucho. (Ich liebe dich sehr.) La he visto en la calle. (Ich habe sie auf der Straße gesehen.)
  - Bei den Modalverben (quiero leer) und bei verbalen Umschreibungen mit Infinitiv (voy a leer) oder Gerundium (estoy leyendo) können die unbetonten Objektpronomen auch an den Infinitiv bzw. an das Gerundium angehängt werden: Lo quiero comprar. /

Quiero comprarlo. (Ich möchte es kaufen.) Lo voy a llamar por teléfono. / Voy a llamarle por teléfono. (Ich werde ihn anrufen.) Te estoy hablando. / Estoy hablándote. (Ich spreche gerade mit dir.)
- Nach dem bejahten Imperativ und bei alleinstehendem Infinitiv oder Gerundium werden die unbetonten Objektpronomen ausschließlich angehängt. Zur Erhaltung der Betonung muss unter Umständen ein Akzent gesetzt werden: Mír<u>a</u>me, por favor. (Sieh mich bitte an.) Al oír<u>lo</u> me reí. (Als ich das hörte, musste ich lachen.) Pensándo<u>lo</u> bien … (Wenn man genau darüber nachdenkt …) Beim verneinten Imperativ stehen die Pronomen jedoch vor dem Verb: No <u>me</u> mires así. (Sieh mich nicht so an.)
- Enthält ein Satz sowohl ein direktes als auch ein indirektes Objektpronomen, so steht das indirekte Pronomen immer vor dem direkten: ¿Me lo das? (Gibst du es mir?) Dámelo. (Gib es mir.)
- Stehen zwei Pronomen der 3. Person im selben Satz, wird das indirekte Objektpronomen l<u>e</u>/l<u>es</u> zu <u>se</u>: ¿Cuándo vas a dar<u>le</u> el regalo a Paco? – <u>Se</u> lo doy mañana. (Wann gibst du Paco das Geschenk? – Ich gebe es ihm morgen.) ▸ se

▸ **Personalpronomen (betont)**
Kurztest ▸ A III, KT 34

Pluralbildung (Mehrzahlbildung)

Las arañas tienen ocho patas. (Spinnen haben acht Beine.)
- Die meisten Substantive bilden den Plural durch Anhän-

gen von -s bzw. -es: la manzana / las manzanas (Äpfel), el reloj / los relojes (Uhren).
- Substantive, die auf Vokal enden, erhalten -s: el niño / los niños.
- Substantive, die auf Konsonant oder -í enden, bilden den Plural auf -es: la ciudad / las ciudades (Städte), el israelí / los israelíes (Israelis).
- Substantive, die auf -s enden, bleiben im Plural unverändert: el lunes / los lunes (Montage, montags), la crisis / las crisis (Krisen). Sind diese Substantive jedoch einsilbig, so bilden sie den Plural mit -es; el mes / los meses (Monate).
- <u>Orthographie:</u> Wörter, die auf -n enden und auf der <u>vorletzten Silbe</u> betont werden, erhalten im Plural einen Akzent: la imagen / las imágenes (Bilder), el examen / los exámenes (Prüfungen). Wird bei Wörtern auf n oder s die <u>letzte Silbe</u> betont, entfällt im Plural der Akzent: el alemán / los alemanes (Deutsche), el melón / los melones (Honigmelone), el irlandés / los irlandeses (Iren). Substantive, die auf -z enden, bilden den Plural mit -ces: el lápiz / los lápices (Bleistifte), la nuez / las nueces (Walnüsse).
- Bei zusammengesetzten Substantiven wird der Plural genauso gebildet wie bei einfachen Substantiven. Eine Ausnahme sind die zusammengesetzten Substantive auf -s, die unverändert bleiben: el abrelatas / los abrelatas (Dosenöffner), und die getrennt geschriebenen Zusammensetzungen, bei denen nur das erste Substantiv den Plural bildet: la hora punta / las horas punta (Stoßzeiten), el caso límite / los casos límite (Extremfälle).
- Bei einigen Substantiven ist nur die Pluralform üblich,

u.a. bei Sammelbegriffen: las vacaciones (Urlaub), las Matemáticas (Mathematik) und bei Gegenständen, die aus gleichen Teilen bestehen (Paarwörter): las gafas (Brille), las tijeras (Schere), las pinzas (Pinzette).

Kurztest ▸ A III, KT 35

poder (können)

Präsens: puedo, puedes, puede, podemos, podéis, pueden
Pretérito indefinido: pude, pudiste, pudo, pudimos, pudisteis, pudieron
Partizip Perfekt: podido (gekonnt)
Verbformen ▸ A I

poner (stellen, legen)

Präsens: pongo, pones, pone, ponemos, ponéis, ponen
Pretérito indefinido: puse, pusiste, puso, pusimos, pusisteis, pusieron
Partizip Perfekt: puesto (gestellt, gelegt)
Verbformen ▸ A I

por (wegen, aus, durch)

La carretera se cerró por la nieve. (Die Straße wurde wegen des Schnees geschlossen.) Actuó por compasión. (Er handelte aus Mitleid.) Voy a dar un paseo por el parque. (Ich mache einen Spaziergang durch den Park.)
- Hauptfunktion: Mit der Präposition por gibt man im Spanischen hauptsächlich Gründe an. Achtung: por kann in wenigen Fällen im Deutschen mit für wiederge-

geben werden: Gracias por la visita. (Danke für den Besuch.) Lo hago por ti. (Ich mache es für dich.) Auch hier handelt es sich strenggenommen um Gründe.
- <u>Weitere Funktionen:</u> Darüber hinaus kann <u>por</u> Folgendes ausdrücken:
  - <u>Mittel:</u> Envió el paquete <u>por</u> correo aéreo. (Er hat das Paket per Luftpost geschickt.) Llaman <u>por</u> teléfono. (Sie rufen an.)
  - <u>stellvertretendes Handeln:</u> Esto no lo puedo hacer <u>por</u> ti. (Das kann ich nicht für dich / an deiner Stelle machen.)
  - <u>Preis:</u> Me parece que pagasteis demasiado <u>por</u> este ordenador. (Ich glaube, ihr habt zu viel für diesen Computer bezahlt.)
  - den <u>Urheber</u> einer Handlung beim Passiv: El museo fue inaugurado <u>por</u> el alcalde. (Das Museum wurde vom Bürgermeister eröffnet.) ▸ **Passiv**
  - <u>Ort und Tageszeit:</u> por aquí (ungefähr hier), por esta zona (in dieser Gegend), por la mañana (am Vormittag), por la tarde (am Nachmittag), por la noche (am Abend, nachts).
- Es gibt zudem viele feststehende Ausdrücke mit <u>por</u>, z. B. por ahora (im Moment), por ejemplo (zum Beispiel), por fin (endlich), por eso (deshalb), por suerte (zum Glück), por un lado … por otro lado (einerseits … andererseits).

Kurztest ▸ A III, KT 36

porque (weil)

▸**Konjunktionen**

Possessivbegleiter und -pronomen

¿Este es tu abrigo? – Sí, es el mío, gracias. (Ist das dein Mantel? – Ja, das ist meiner, danke.)

- Possessivbegleiter und Possessivpronomen – im Ganzen auch Possessiva genannt – drücken immer einen Besitz oder eine Zugehörigkeit aus. Bei den Possessiva unterscheidet man zwischen den verbundenen, den sogenannten Possessivbegleitern, die ein Substantiv begleiten, und den unverbundenen, den Possessivpronomen, die ein Substantiv ersetzen.
- <u>Vorangestellte Possessivbegleiter:</u>
  - Dieser Typ der Possessivbegleiter wird immer vor das Substantiv (+ Adjektiv) gesetzt.
  - <u>Formen:</u>

	Besitz im Singular	
	männl.	*weibl.*
1. Person Singular	mi coche (mein Auto)	mi casa (mein Haus)
2. Person Singular	tu coche (dein Auto)	tu casa (dein Haus)
3. Person Singular	su coche (sein/ihr/Ihr Auto)	su casa (sein/ihr/Ihr Haus)
1. Person Plural	nuestro coche (unser Auto)	nuestra casa (unser Haus)
2. Person Plural	vuestro coche (euer Auto)	vuestra casa (euer Haus)
3. Person Plural	su coche (ihr/Ihr/[euer] Auto)	su casa (ihr/Ihr/[euer] Haus)
	Besitz im Plural	
	männl.	*weibl.*
1. Person Singular	mis coches (meine Autos)	mis casas (meine Häuser)

2. Person Singular	tus coches (deine Autos)	tus casas (deine Häuser)
3. Person Singular	sus coches (seine/ ihre/Ihre Autos)	sus casas (seine/ ihre/Ihre Häuser)
1. Person Plural	nuestros coches (unsere Autos)	nuestras casas (unsere Häuser)
2. Person Plural	vuestros coches (eure Autos)	vuestras casas (eure Häuser)
3. Person Plural	sus coches (ihre/ Ihre/[eure] Autos)	sus casas (ihre/Ihre/ [eure] Häuser)

- Die Possessivbegleiter richten sich nach dem Substantiv, auf das sie sich beziehen. In der 1., 2. und 3. Person Singular sowie in der 3. Person Plural ist nur eine Unterscheidung in der Zahl möglich, z. B. mi hermano / mis hermanos (mein Bruder / meine Brüder) – mi hermana / mis hermanas (meine Schwester / meine Schwestern). Bei der 1. und 2. Person Plural wird zusätzlich das Geschlecht unterschieden, z. B.: nuestro/ vuestro amigo (unser/euer Freund), nuestros/vuestros padres (unsere/eure Eltern), nuestra/vuestra familia (unsere/eure Familie), nuestras/vuestras profesoras (unsere/eure Lehrerinnen).
- su ist mehrdeutig; so kann su carta sowohl sein Brief (des Jungen), ihr Brief (der Frau, der Frauen, der Freunde) oder Ihr Brief (von Ihnen, d. h. eine oder mehrere gesiezte Personen) sein.
- In Teilen Andalusiens, auf den Kanarischen Inseln und in ganz Hispanoamerika bedeutet su außerdem »euer/eure«, da dort für die 2. Person Plural »ihr« ustedes anstatt vosotros verwendet wird: ¿María y Juan, estos son sus hijos? ¡Qué guapos! (María und Juan,

sind das eure Kinder? Wie hübsch!) ▸**Personalpronomen (unbetont),** ▸ A II

- Nachgestellte Possessivbegleiter:
  - Die nachgestellten Possessivbegleiter werden immer dann verwendet, wenn das Substantiv, auf das sie sich beziehen, von einem Artikel, einem Demonstrativbegleiter oder einem Zahlwort begleitet wird, z. B.: esta profesora <u>mía</u> (diese Lehrerin von mir).
  - Formen:

	Besitz im Singular	
	männl.	*weibl.*
1. Person Singular	un abrigo mío (ein Mantel von mir)	una camisa mía (ein Hemd von mir)
2. Person Singular	un abrigo tuyo (ein Mantel von dir)	una camisa tuya (ein Hemd von dir)
3. Person Singular	un abrigo suyo (ein Mantel von ihm/ihr/Ihnen)	una camisa suya (ein Hemd von ihm/ihr/Ihnen)
1. Person Plural	un abrigo nuestro (ein Mantel von uns)	una camisa nuestra (ein Hemd von uns)
2. Person Plural	un abrigo vuestro (ein Mantel von euch)	una camisa vuestra (ein Hemd von euch)
3. Person Plural	un abrigo suyo (ein Mantel von ihnen/Ihnen/[euch])	una camisa suya (ein Hemd von ihnen/Ihnen/[euch])
	Besitz im Plural	
	männl.	*weibl.*
1. Person Singular	unos abrigos míos (Mäntel von mir)	unas camisas mías (Hemden von mir)

2. Person Singular	unos abrigos tuyos (Mäntel von dir)	unas camisas tuyas (Hemden von dir)
3. Person Singular	unos abrigos suyos (Mäntel von ihm/ihr/Ihnen)	unas camisas suyas (Hemden von ihm/ihr/Ihnen)
1. Person Plural	unos abrigos nuestros (Mäntel von uns)	unas camisas nuestras (Hemden von uns)
2. Person Plural	unos abrigos vuestros (Mäntel von euch)	unas camisas vuestras (Hemden von euch)
3. Person Plural	unos abrigos suyos (Mäntel von ihnen/Ihnen/[euch])	unas camisas suyas (Hemden von ihnen/Ihnen/[euch])

- Die nachgestellten Possessivbegleiter stimmen in Geschlecht und Zahl mit ihrem Bezugswort überein: El primo <u>tuyo</u> que encontré ayer … (Der Cousin von dir, den ich gestern getroffen habe, …) Estas son unas amigas <u>mías</u>. (Das sind Freundinnen von mir.)
- Wie der vorangestellte Possessivbegleiter <u>su</u> ist auch <u>suyo</u> mehrdeutig: <u>este coche suyo</u> kann z. B. das Auto des Jungen, der Frau, der Frauen, der Männer oder das von einer oder mehrerer gesiezter Personen sein. Des weiteren kann es regional auch »euer« bedeuten. Vgl. **Vorangestellte Possessivbegleiter.**
- In Verbindung mit dem Verb ser können die nachgestellten Possessivbegleiter auch prädikativ gebraucht werden; <u>ser</u> bedeutet dann »gehören«: Este lápiz es mío. (Dieser Stift gehört mir.)

- Possessivpronomen
  - Formen:

	Besitz im Singular	
	männl.	weibl.
1. Person Singular	el mío (meine/-r/-s)	la mía (meine/-r/-s)
2. Person Singular	el tuyo (deine/-r/-s)	la tuya (deine/-r/-s)
3. Person Singular	el suyo (seine/-r/-s, ihre/-r/-s, Ihre/-r/-s)	la suya (seine/-r/-s, ihre/-r/-s, Ihre/-r/-s)
1. Person Plural	el nuestro (unsere/-r/-s)	la nuestra (unsere/-r/-s)
2. Person Plural	el vuestro (eure/-r/-s)	la vuestra (eure/-r/-s)
3. Person Plural	el suyo (ihre/-r/-s, Ihre/-r/-s, [eure/-r/-s])	la suya (ihre/-r/-s, Ihre/-r/-s, [eure/-r/-s])
	Besitz im Plural	
	männl.	weibl.
1. Person Singular	los míos (meine)	las mías (meine)
2. Person Singular	los tuyos (deine)	las tuyas (deine)
3. Person Singular	los suyos (seine, ihre, Ihre)	las suyas (seine, ihre, Ihre)
1. Person Plural	los nuestros (unsere)	las nuestras (unsere)
2. Person Plural	los vuestros (eure)	las vuestras (eure)
3. Person Plural	los suyos (ihre, Ihre, [eure])	las suyas (ihre, Ihre, [eure])

  - Die Possessivpronomen setzen sich aus dem bestimmten Artikel und den Formen der nachgestellten Possessivbegleiter zusammen. Sie stimmen in Geschlecht und Zahl mit ihrem Bezugswort überein: Mis hijos van a ir a la excursión, ¿y los tuyos? (Meine Kinder nehmen am Ausflug teil, und deine?)

- Zur Mehrdeutigkeit von el suyo vgl. **Nachgestellte Possessivbegleiter.**

Kurztest ▸ A III, KT 37 (Possessivbegleiter)

Kurztest ▸ A III, KT 38 (Possessivpronomen und -begleiter)

Präpositionen

▸ **a, con, de, desde, durante, en, entre, hace, hacia, hasta, para, por, sin**

Präsens

▸ **presente**

presente (Präsens/Gegenwartsform)

Mi hermano vive en Berlín desde 2008. (Mein Bruder wohnt seit 2008 in Berlin.)
- Das Präsens wird eingesetzt, um:
  - Handlungen, Vorgänge – v. a. regelmäßiger Art – oder Zustände in der Gegenwart zu beschreiben: Juan trabaja en un restaurante chino. (Juan arbeitet in einem chinesischen Restaurant.) Cada viernes voy al cine. (Ich gehe jeden Freitag ins Kino.) Ana está enferma. (Ana ist krank.)
  - allgemeingültige Aussagen zu formulieren: Por la noche todo es oscuro. (In der Nacht ist alles dunkel.)
  - einen Vorgang zu beschreiben, der bald stattfinden wird. Diese Aussagen werden meistens mit einer Zeitangabe begleitet: Mañana empiezo a estudiar para

el examen. (Morgen fange ich an, für die Prüfung zu lernen.)
- dem Leser vergangene Ereignisse besonders nahezubringen (historisches Präsens): Neil Armstrong pisa la luna en 1969. (Neil Armstrong betritt den Mond im Jahr 1969.)
- ein Einverständnis einzuholen: ¿Tiendo la ropa? (Soll ich die Wäsche aufhängen?)
- eine Aufforderung zu formulieren: ¡Haces la cama ahora mismo! (Du machst sofort das Bett!)
- eine reale Bedingung zum Ausdruck zu bringen: Si terminas pronto con la reunión, puedes pasar por mi casa. (Wenn du früh mit der Besprechung fertig bist, kannst du bei mir zu Hause vorbeikommen.)
- Aber: Für Handlungen, die gerade im Gange sind, wird im Spanischen die Konstruktion estar + gerundio verwendet. ▸ **gerundio**

Verbformen ▸ A I, 1.

pretérito imperfecto (Imperfekt)

Cuando yo era joven, todavía no existían los móviles. (Als ich jung war, gab es noch keine Handys.)

- Das pretérito imperfecto ist eine Zeit der Vergangenheit, die häufig zusammen mit dem pretérito indefinido vorkommt und folgende Hauptfunktionen hat:
  - Wiedergabe von Gewohnheiten und sich regelmäßig wiederholenden Vorgängen in der Vergangenheit: Mis padres siempre leían mucho. (Meine Eltern haben immer viel gelesen.) Todos los sábados iban a la biblioteca. (Sie gingen jeden Samstag in die Bücherei.)

- Beschreibung von Hintergrundhandlungen, Zuständen und Situationen in der Vergangenheit: Cuando Pablo salió de casa, ya era de noche. (Als Pablo aus dem Haus ging, war es schon Nacht.) No vi a tiempo que el chico llevaba una pistola. (Ich sah nicht rechtzeitig, dass der Junge eine Pistole in der Hand hielt / dabeihatte.) Das eigentliche Fortschreiten der Handlung und das Aufeinanderfolgen von Ereignissen und Vorgängen übernimmt das pretérito indefinido: Primero subimos a las montañas y luego visitamos las iglesias románicas. (Zuerst sind wir auf die Berge gestiegen, und danach haben wir die romanischen Kirchen besucht.)
- Ausdruck von Höflichkeit: Mit dem pretérito imperfecto kann man eine Bitte oder einen Wunsch höflicher ausdrücken als mit dem Präsens: ¿Qué deseaba? (Was darf es denn sein? [wörtlich: Was wünschten Sie?]); Te quería pedir un favor. (Ich wollte dich um einen Gefallen bitten.)

Verbformen ▸ A I, 3.
▸ **pretérito indefinido**
Kurztest ▸ A III, KT 39

pretérito indefinido

Pablo Ruiz Picasso murió en Francia en 1973. (Pablo Ruiz Picasso starb 1973 in Frankreich.)
- Das pretérito indefinido wird verwendet, um über vergangene Ereignisse und Handlungen zu berichten, die zu einem Zeitpunkt bzw. in einem Zeitraum der Vergangenheit stattfanden, der bereits abgeschlossen ist. Das

Deutsche hat keine genaue Entsprechung für diese Zeitform; sehr häufig wird das pretérito indefinido mit dem deutschen Perfekt wiedergegeben: El otro día no desayuné. (Neulich habe ich nicht gefrühstückt.) Esta mañana me comí tres bocadillos de queso. (Heute früh habe ich drei Brötchen mit Käse gegessen.) Entscheidend ist, wie der Sprecher den Bezug eines Ereignisses zur Gegenwart einschätzt, und nicht so sehr, wie weit dieses Ereignis tatsächlich zurückliegt. Ist die Handlung definitiv abgeschlossen und für die Gegenwart nicht weiter von Bedeutung, steht das Verb im pretérito indefinido (hier: comí). Hat die Handlung hingegen noch Auswirkungen auf die Gegenwart (Ich bin noch ganz satt, weil ich drei Brötchen gegessen habe.), so steht es im pretérito perfecto: Esta mañana me he comido tres bocadillos de queso. ▸ **pretérito perfecto**

- Einige Zeitangaben dienen als Signal für das pretérito indefinido, da sie eindeutig angeben, dass ein Zeitraum abgeschlossen ist, z. B. ayer (gestern), en 1997 (im Jahr 1997), el otro día (letztens, neulich), la semana pasada (letzte Woche).
- Wenn über ein einmaliges historisches Ereignis oder über Taten verstorbener Menschen berichtet wird, ist das pretérito indefinido die einzig logische Zeitform, denn die Lebenszeit dieser Menschen ist längst vergangen: César conquistó la Galia. (Cäsar hat Gallien erobert.) Thomas Mann escribió muchas novelas. (Thomas Mann hat viele Romane geschrieben.)
- Des weiteren dient das pretérito indefinido dazu:
  - aufeinanderfolgende Handlungen der Vergangenheit zu beschreiben: Salí del trabajo, hice la compra y me

fui a casa. (Ich habe Feierabend gemacht, habe die Einkäufe erledigt und bin nach Hause gegangen.)
- vergangene Handlungen auszudrücken, die Anfang und Ende bzw. eine klar begrenzte Dauer aufweisen: Ayer trabajé de las ocho de la mañana hasta las seis de la tarde. (Gestern habe ich von acht Uhr morgens bis sechs Uhr abends gearbeitet.) Viajaron tres semanas por México. (Sie sind drei Wochen lang durch Mexiko gereist.)

Verbformen ▸ A I, 2.
Kurztest ▸ A III, KT 40

pretérito perfecto (Perfekt)

No he entendido lo que has dicho. (Ich habe nicht verstanden, was du gesagt hast.)

- Das <u>pretérito perfecto</u> ist eine Vergangenheitsform, die eng mit der Gegenwart verbunden ist. Es bezeichnet Handlungen oder Vorgänge, die in einem Zeitraum stattgefunden haben, der noch nicht abgeschlossen ist: Mónica todavía no ha llamado. (Mónica hat noch nicht angerufen.)
- Das <u>pretérito perfecto</u> wird für vergangene Handlungen und Ereignisse verwendet, die Auswirkungen auf die Gegenwart haben: He perdido la llave de la casa, por eso no puedo abrir la puerta. (Ich habe den Hausschlüssel verloren, deswegen kann ich jetzt die Tür nicht öffnen.)
- Typische Zeitangaben beim <u>pretérito perfecto</u> sind: hoy (heute), esta mañana (heute morgen), últimamente (in der letzten Zeit), todavía no (noch nicht), ya (schon) usw., denn sie weisen darauf hin, dass der Zeitraum, um

den es geht, noch nicht abgeschlossen ist. Aber: Will der Sprecher zum Ausdruck bringen, dass die Handlung zum Zeitpunkt des Sprechens abgeschlossen und nicht mehr weiter von Bedeutung ist, kann er durchaus eine Zeitangabe wie esta mañana zusammen mit dem pretérito indefinido verwenden. ▸ **pretérito indefinido**

- Der Zeitraum, in dem eine Handlung stattfindet, kann auch als gegenwärtig oder unbestimmt, d.h. nicht genauer definiert – weil unwichtig –, betrachtet werden. In diesem Fall werden normalerweise keine Zeitangaben verwendet: ¿Has visto las llaves del coche? – Sí, las he encontrado en la mesa. (Hast du die Autoschlüssel gesehen? – Ja, ich habe sie auf dem Tisch gefunden.) ¿Has hecho un curso de papiroflexia? ¡Qué interesante! (Du hast einen Origamikurs gemacht? Wie interessant!)
- Im Norden Spaniens, besonders in Galicien und Asturien, sowie in Teilen Hispanoamerikas wird statt des pretérito perfecto fast ausschließlich das pretérito indefinido verwendet.

Verbformen ▸ A I, 4.1
Kurztest ▸ A III, KT 41

pretérito pluscuamperfecto (Plusquamperfekt)

Cuando salí de casa ya había terminado de nevar. (Als ich aus dem Haus ging, hatte es schon aufgehört zu schneien.)

- Das pretérito pluscuamperfecto wird verwendet, um Handlungen oder Vorgänge zu beschreiben, die vor anderen Vorgängen in der Vergangenheit stattgefunden haben. Es drückt also die Vorvergangenheit aus und dient meistens dazu, die nachfolgenden vergangenen

Handlungen und Situationen zu erklären oder zu beschreiben. Letztere stehen dabei meistens im <u>pretérito imperfecto</u> oder <u>pretérito indefinido</u>: Vicente estaba contento porque había conseguido el trabajo. (Vicente war froh, weil er die Arbeit bekommen hatte.) Cuando llamaste, todavía no me había vestido. (Als du anriefst, hatte ich mich noch nicht angezogen.) La fiesta todavía no había terminado cuando nos fuimos a casa. (Die Party war noch nicht zu Ende, als wir nach Hause gingen.)
Verbformen ▸ A I, 4.2

Q

que (dass; der/die/das)

- Konjunktionen
- Relativpronomen

¿qué? (was?, welche/-r/-s, was für [ein/-e]?)

¿Qué pasa? (Was ist los?) ¿Qué color prefieres? (Welche Farbe magst du lieber?)

- Das Fragewort qué ist unveränderlich. Pronominal verwendet bedeutet es »was«. Es fragt nach dem Objekt des Verbs: ¿Qué quieres? (Was willst du?). Qué trägt immer einen Akzent, auch in der indirekten Rede: Pedro me ha preguntado qué quiero hacer el fin de semana. (Pedro hat mich gefragt, was ich am Wochenende machen möchte.)
- Als Begleiter eines Substantivs bedeutet qué »welche/-r/-s« bzw. »was für (ein/-e)«: ¿Qué películas te gustan más? (Welche Filme / Was für Filme siehst du am liebsten?)
- qué kann auch zusammen mit einer Präposition verwendet werden, wie z. B. bei den festen Verbindungen por qué (warum) und para qué (wozu) oder auch in Fällen wie en qué oder de qué usw.: ¿En qué estás pensando? (Woran denkst du?) ¿De qué marca es tu reloj? (Von welcher Marke ist deine Uhr?)

Kurztest ▸ A III, KT 17
Kurztest ▸ A III, KT 42

querer (wollen; lieben)

Präsens: quiero, quieres, queremos, queréis, quieren
Pretérito indefinido: quise, quisiste, quiso, quisimos, quisisteis, quisieron
Partizip Perfekt: querido (gewollt, geliebt)
Verbformen ▶ A I

¿quién?/¿quiénes? (wer?)

¿Quién te ha dado esto? (Wer hat dir das gegeben?) ¿Quiénes van a venir? (Wer wird kommen?)

- Das Fragewort quién fragt ausschließlich nach Personen. Es hat die Pluralform quiénes und bedeutet immer »wer«. Quién/quiénes trägt stets einen Akzent, auch in der indirekten Rede: Quería saber quién le estaba hablando. (Er wollte wissen, wer mit ihm sprach.)
- quién/quiénes kann auch zusammen mit einer Präposition verwendet werden, wie z. B. in den Fällen de quién (wessen), con quién (mit wem), para quién (für wen) sowie a quién (wen/wem): ¿A quién has visto? (Wen hast du gesehen?), ¿A quién le gusta la música clásica? (Wem gefällt klassische Musik?)

Kurztest ▶ A III, KT 17

R

Reflexive Verben

Mi hijo ya se viste solo. (Mein Sohn zieht sich schon selbst an.) En verano nos bañamos en el mar. (Im Sommer baden wir im Meer.)

- <u>Formen:</u> Reflexive Verben werden wie alle anderen Verben konjugiert und werden immer von einem Reflexivpronomen begleitet. Die Reflexivpronomen der 1. und 2. Person Singular und Plural sind mit den unbetonten Objektpronomen identisch. ▸ **Personalpronomen (unbetont).** Das Reflexivpronomen für die 3. Person Singular und Plural lautet se.

llamarse	acostarse	vestirse
(heißen)	(ins Bett gehen)	(sich anziehen)
me llamo	me acuesto	me visto
te llamas	te acuestas	te vistes
se llama	se acuesta	se viste
nos llamamos	nos acostamos	nos vestimos
os llamáis	os acostáis	os vestís
se llaman	se acuestan	se visten

- <u>Stellung:</u> Die Reflexivpronomen stehen vor dem konjugierten Verb; bei den zusammengesetzten Zeiten ist dies das Hilfsverb <u>haber</u>: Ahora me levanto. (Ich stehe jetzt auf.) María se ha equivocado. (María hat sich geirrt.) Handelt es sich bei der Verbform um einen Infinitiv oder ein Gerundium, so kann das Reflexivpronomen entweder an den Infinitiv bzw. das Gerundium angehängt werden, oder es steht vor dem konjugierten Verb: No quiere acostarse tan pronto. / No se quiere acostar tan pronto.

(Er will nicht so früh ins Bett gehen.) Cristina se está peinando. / Cristina está peinándose. (Cristina kämmt sich gerade.) Wird das Pronomen angehängt, erhält das Gerundium einen Akzent auf der drittletzten Silbe, um die Betonung beizubehalten: Estoy duchándome. (Ich dusche gerade.) Están divirtiéndose. (Sie amüsieren sich.) Beim bejahten Imperativ werden die Reflexivpronomen angehängt, beim verneinten vorangestellt: Escóndete. (Versteck dich.) No te sientes aquí. (Setzt dich nicht hierher.)

- Einige Verben, die im Spanischen reflexiv sind, sind es im Deutschen nicht, und umgekehrt: llamarse (heißen), quedarse (bleiben), reírse (lachen), caerse (fallen), descansar (sich ausruhen), quedar (sich verabreden), cambiar (sich [ver]ändern).
- Im Spanischen gibt es Verben, die sowohl reflexiv als auch nicht reflexiv gebraucht werden können. Sie ändern dabei ihre Bedeutung: llamar (anrufen) – llamarse (heißen), dormir (schlafen) – dormirse (einschlafen), encontrarse (sich befinden / sich treffen) – encontrar (finden).

Kurztest ▸ A III, KT 43

Relativpronomen

El hombre que está sentado a su lado es mi profesor de francés. (Der Mann, der neben ihm sitzt, ist mein Französischlehrer.) El autor, cuyo hijo nació hace cinco años, escribe un libro sobre la educación. (Der Autor, dessen Sohn vor fünf Jahren geboren wurde, schreibt ein Buch über Erziehung.)

- Das meistgebrauchte Relativpronomen ist que (der/die/das, welcher/welche/welches). Es bezieht sich sowohl

auf Personen als auch auf Sachen und kann als Subjekt sowie als direktes und indirektes Objekt verwendet werden:
- als Subjekt: La mujer que está hablando me recuerda a mi prima Sonsoles. (Die Frau, die gerade spricht, erinnert mich an meine Cousine Sonsoles.)
- als direktes Objekt: Este es el libro que mi padre me regaló por mi cumpleaños. (Das ist das Buch, das mein Vater mir zum Geburtstag geschenkt hat.) Ist das direkte Objekt eine Person, so müssen die Präposition a und der Artikel hinzugefügt werden: Estos son mis amigos a los que llamamos ayer. (Dies sind meine Freunde, die wir gestern angerufen haben.) In der Umgangssprache können a und der Artikel jedoch entfallen: ... mis amigos que llamamos ayer.
- als indirektes Objekt, das bei Personen ebenfalls immer mit a gebildet wird: La alumna a la que le expliqué el ejercicio fue muy simpática. (Die Schülerin, der ich die Übung erklärt habe, war sehr nett.)
- que wird auch zusammen mit anderen Präpositionen gebraucht: El billete con que pagó este señor era falso. (Der Geldschein, mit dem dieser Herr gezahlt hat, war falsch.)
- Das deutsche »(das,) was« wird im Spanischen mit lo que wiedergegeben. Lo que bezieht sich auf einen ganzen Sachverhalt: No he visto lo que ha pasado. (Ich habe nicht gesehen, was passiert ist.) Der Artikel lo ist unveränderlich, kann aber von einer Präposition begleitet werden: Tenemos que hablar de lo que me dijiste ayer. (Wir müssen über das sprechen, was du mir gestern gesagt hast.)
- Weitere Relativpronomen, die hauptsächlich in der Schriftsprache verwendet werden, sind quien/quienes

(wer, der/die/das), cual/cuales (der/die/das) und cuyo/-a/-os/-as (dessen/deren).

- quien/quienes bezieht sich ausschließlich auf Personen und kann – v.a. in Kombination mit einer Präposition – durch que und den bestimmten Artikel ersetzt werden: El chico con quien (= con el que) fui al cine se llama Julio. (Der Junge, mit dem ich ins Kino gegangen bin, heißt Julio.) Es kommt häufig in Redewendungen vor: Quien bien te quiera te hará llorar. (wörtlich: Wer dich liebt, der wird dich zum Weinen bringen.)
- cual/cuales wird immer zusammen mit dem bestimmten Artikel gebraucht und bezieht sich sowohl auf Personen als auch auf Sachen. Da es durch den Artikel eindeutig das Geschlecht markiert, wird es oft verwendet, um das Bezugswort zu verdeutlichen: Las hijas de mis amigos, las cuales han terminado la carrera, están ahora de vacaciones. (Die Töchter meiner Freunde, die [die Töchter] das Studium beendet haben, sind jetzt im Urlaub.) Stünde hier statt las cuales das Pronomen que oder quienes, könnte sich der Relativsatz sowohl auf hijas als auch auf amigos beziehen.
- cuyo/-a/-os/-as wird für Personen und Sachen verwendet. Es richtet sich in Geschlecht und Zahl nach dem Substantiv im Relativsatz, auf das es sich bezieht (hier: películas), und nicht wie im Deutschen nach dem Bezugswort des Hauptsatzes (hier: director): Es un director de cine cuyas películas me gustan mucho. (Er ist ein Regisseur, dessen Filme ich sehr mag.)

▸ **Kommasetzung**

Kurztest ▸ A III, KT 44

romper (brechen, kaputtmachen)

<u>Präsens:</u> rompo, rompes, rompe, rompemos, rompéis, rompen
<u>Partizip Perfekt:</u> roto (gebrochen)
Verbformen ▶ A I

S

saber (wissen; erfahren; können, im Sinne von »beherrschen / gelernt haben«)

<u>Präsens:</u> sé, sabes, sabe, sabemos, sabéis, saben
<u>Pretérito indefinido:</u> supe, supiste, supo, supimos, supisteis, supieron
<u>Partizip Perfekt:</u> sabido (gewusst)
Verbformen ▸ A I

salir (hinausgehen, ausgehen)

<u>Präsens:</u> salgo, sales, sale, salimos, salís, salen
<u>Partizip Perfekt:</u> salido (hinausgegangen, ausgegangen)
Verbformen ▸ A I

se

María siempre se lava los dientes antes y después de desayunar. (María putzt sich immer vor und nach dem Frühstück die Zähne.) Mañana se pone a la venta el último stock de la temporada. (Morgen wird der letzte Vorrat der Saison verkauft.) Ya se lo he dicho. (Ich habe es ihnen schon gesagt.)

- Das Pronomen <u>se</u> kann je nach Kontext verschiedene Funktionen im Satz erfüllen:
  - <u>se als Reflexivpronomen:</u> Bei den reflexiven Verben wird <u>se</u> (sich) für die 3. Person Singular und Plural verwendet. Es kann nur eingesetzt werden, wenn Subjekt und Objekt identisch sind: El chico se peina de

lante del espejo. (Der Junge kämmt sich vor dem Spiegel.) ▸ **Reflexive Verben**
- _se als Reziprokpronomen:_ Se kann auch als Reziprokpronomen fungieren. Es bedeutet dann »einander«, weil es eine wechselseitige Handlung zwischen mindestens zwei Personen ausdrückt: Alberto y Laura se quieren mucho. (Alberto und Laura lieben sich/einander sehr.) Sofía y sus amigos se escriben por chat todas las semanas. (Sofía und ihre Freunde schreiben sich/einander jede Woche im Chat.)
- _se als Pronomen des pasiva refleja:_ Beim pasiva refleja (reflexives Passiv) wird das Pronomen se zusammen mit der aktiven Verbform verwendet, die dem Subjekt angeglichen wird: La librería se cerró hace tiempo. (Die Buchhandlung wurde vor langer Zeit geschlossen.) En España se hablan cinco idiomas. (In Spanien werden fünf Sprachen gesprochen.) ▸ **Passiv**
- _se zur Bildung der unpersönlichen Form:_ Wie beim pasiva refleja wird se auch bei der unpersönlichen Form zusammen mit einem aktiven Verb verwendet. Dieses Verb steht jedoch in der Regel im Singular, auch wenn das Subjekt des Satzes im Plural steht. Das Pronomen lässt sich in diesem Fall mit »man« übersetzen: Se corrió la voz de que … (Man hat das Gerücht verbreitet, dass …) Se alquila varios pisos en el complejo. (In der Anlage vermietet man verschiedene Wohnungen.) Se (man) kann auch ohne ausdrückliches (syntaktisches) Subjekt stehen: En este restaurante se come muy bien. (Man isst in diesem Restaurant sehr gut.) ▸ **unpersönliche Formen**
- _se als Personalpronomen:_ Treffen zwei unbetonte Ob-

jektpronomen der 3. Person im Satz aufeinander, wird das indirekte Objektpronomen <u>le</u> bzw. <u>les</u> zu <u>se</u>: ¿Le has dado a Alejandro el diccionario? – Sí, ya se lo he dado. (Hast du Alejandro das Wörterbuch gegeben? – Ja, ich habe es ihm schon gegeben.) <u>Se</u> kann also in der Funktion eines Personalpronomens »ihm«, »ihr«, »ihnen« oder »Ihnen« bedeuten. ▸ **Personalpronomen (unbetont)**

Kurztest ▸ A III, KT 45

seguir (folgen; fortsetzen)

<u>Präsens:</u> sigo, sigues, sigue, seguimos, seguís, siguen
<u>Pretérito indefinido:</u> seguí, seguiste, siguió, seguimos, seguisteis, siguieron
<u>Partizip Perfekt:</u> seguido (gefolgt; fortgesetzt)
Verbformen ▸ A I

ser (sein)

<u>Präsens:</u> soy, eres, es, somos, sois, son
<u>Pretérito indefinido:</u> fui, fuiste, fue, fuimos, fuisteis, fueron
<u>Partizip Perfekt:</u> sido (gewesen)
Verbformen ▸ A I
Gebrauch ▸ A I, 12., 14.
Kurztest ▸ A III, KT 46

sin (ohne)

Estamos sin internet desde hace un mes. (Wir haben seit einem Monat keinen Internetzugang mehr.)
- Die Präposition <u>sin</u> drückt das Fehlen von etwas oder jemandem aus: café sin azúcar (Kaffee ohne Zucker), sin una palabra más (ohne ein weiteres Wort), sin mi amiga Carla (ohne meine Freundin Carla).
- Mit <u>sin</u> lässt sich außerdem eine Infinitivkonstruktion bilden, die einen Nebensatz verkürzt. Voraussetzung hierfür ist, dass das Subjekt in Haupt- und Nebensatz dasselbe ist: Pablo se marchó sin despedirse. (Pablo ging fort, ohne sich zu verabschieden.)

sino (sondern)

▸ **Konjunktionen**

Steigerung des Adjektivs

Un libro es más caro que una revista. (Ein Buch ist teurer als eine Zeitschrift.)
- Informationen zu Funktion, Formen und Stellung des Adjektivs sind unter dem Stichwort **Adjektiv** (Eigenschaftswort) zu finden.
- Adjektive können gesteigert werden (z.B. leicht – leichter – der/die/das leichteste). Die erste Steigerungsform ist der <u>Komparativ</u>, die zweite der <u>Superlativ</u>:
  - Der Komparativ wird im Spanischen mit <u>más</u> gebildet. <u>Más</u> wird vor das Adjektiv gesetzt, der Vergleich wird dabei durch <u>que</u> ausgedrückt: El avión es más rá-

pido que el tren. (Das Flugzeug ist schneller als der Zug.) Komparative niedrigeren Grades werden mit menos gebildet: José es menos fuerte que Juan. (José ist weniger stark / schwächer als Juan.)
- Der relative Superlativ wird mit dem bestimmten Artikel und más bzw. menos gebildet. Für den Vergleich wird de eingesetzt: Este chico es el más guapo (de todos). (Dieser Junge ist der hübscheste [von allen].)
- Der absolute Superlativ (Elativ), bei dem kein direkter Vergleich stattfindet, wird durch Anhängen der Endung -ísimo/-a an den Stamm des Adjektivs gebildet: El examen ha sido dificilísimo. (Die Prüfung war sehr/ausgesprochen schwer.)
- Unregelmäßige Steigerungsformen: Einige Adjektive werden unregelmäßig gesteigert, die wichtigsten sind: bueno (gut) – mejor (besser), malo (schlecht) – peor (schlechter), grande (groß) – mayor (größer/älter), pequeño (klein) – menor (kleiner/jünger).
- Vergleich gleichen Grades ▸ **tan ... como**

Kurztest ▸ A III, KT 47

Steigerung des Adverbs

Ana toca el piano mucho mejor que yo. (Ana spielt viel besser Klavier als ich.) Tuve que irme a casa porque me dolía muchísimo la cabeza. (Ich musste nach Hause gehen, weil ich sehr starke Kopfschmerzen hatte / mir der Kopf sehr weh tat.)

- Informationen zu Funktion, Formen und Stellung des Adverbs sind unter dem Stichwort **Adverb** zu finden.
- Adverbien können – ebenso wie Adjektive – gesteigert

werden (z.B. laut rufen – lauter rufen – am lautesten rufen). Die erste Steigerungsform ist der Komparativ, die zweite der Superlativ:
- Der Komparativ wird im Spanischen mit más gebildet. Más wird vor das Adverb gesetzt, der Vergleich wird dabei durch que ausgedrückt: Los ordenadores calculan más rápidamente que las personas. (Computer rechnen schneller als Menschen.) Komparative niedrigeren Grades werden mit menos gebildet: Francisco conduce menos prudentemente que Catalina. (Francisco fährt weniger vorsichtig / unvorsichtiger als Catalina.)
- Der relative Superlativ wird mit einer Konstruktion vom Typ es el/la que … más/menos + Adverb bzw. unregelmäßig gesteigertes Adverb (+ de todos/-as) gebildet: Alfonso es el que trabaja más cuidadosamente de todos. (Alfonso arbeitet am sorgfältigsten von allen / ist derjenige, der von allen am sorgfältigsten arbeitet.)
- Der absolute Superlativ (Elativ), bei dem kein direkter Vergleich stattfindet, wird bei den Adverbien auf -mente durch Einfügen von -ísim- gebildet, z.B. lentamente – lentísimamente: Los niños comieron lentísimamente. (Die Kinder haben sehr langsam gegessen.) Bei den anderen Adverbien wird der Elativ mit dem Adverb muy gebildet, was auch bei den Adverbien auf -mente möglich ist: muy bien (sehr gut), muy concentradamente (sehr konzentriert).
- Unregelmäßige Steigerungsformen: Einige Adverbien werden unregelmäßig gesteigert, die wichtigsten sind: bien (gut) – mejor (besser), mal (schlecht) – peor

(schlechter), poco (wenig) – menos (weniger), mucho (sehr) – más (mehr).
- Vergleich gleichen Grades ▸ **tan ... como**

Kurztest ▸ A III, KT 48

subjuntivo (spanischer Konjunktiv)

Te aconsejo que vayas a la fiesta, va a estar la jefa. (Ich empfehle dir, zur Party zu gehen; die Chefin kommt auch.) La he ayudado para que apruebe el examen. (Ich habe ihr geholfen, damit sie die Prüfung besteht.)

- Der <u>subjuntivo</u> ist ein eigener Modus des spanischen Verbsystems, der in verschiedenen Zeiten vorkommt und vorwiegend in Nebensätzen verwendet wird. Sein Gebrauch entspricht nicht dem des deutschen Konjunktivs.
- Der <u>subjuntivo</u> findet sich hauptsächlich in Nebensätzen, die durch bestimmte Konjunktionen eingeleitet werden.
- <u>subjuntivo</u> im Nebensatz mit <u>que</u>: Der <u>subjuntivo</u> steht im <u>que</u>-Nebensatz v.a.:
  - nach Verben der Gefühlsäußerung (Bedauern, Freude, Erstaunen, Gefallen, Ärger, Furcht, Zweifel, Hoffnung usw.): Siento mucho que no hayas aprobado el examen de conducir. (Ich bedaure sehr, dass du die Führerscheinprüfung nicht bestanden hast.) No me gusta que no hagas nada en todo el día. (Es gefällt mir nicht, dass du den ganzen Tag nichts tust.)
  - nach Verben der Willensäußerung aller Art (Befehl, Wunsch, Bitte, Erlaubnis, Verbot, Rat usw.): Dile a tu hermano que tienda la ropa ahora mismo. (Sag dei-

nem Bruder, er soll sofort die Wäsche aufhängen.) Les recomiendo que no salgan solos de noche. (Ich empfehle Ihnen, nachts nicht allein auszugehen.)
- nach unpersönlichen Ausdrücken, die eine Stellungnahme, eine subjektive Einschätzung beinhalten. Sie werden hauptsächlich mit dem Verb ser und einem Adjektiv oder Substantiv gebildet: Es raro que todavía no haya llamado. (Es ist seltsam, dass er noch nicht angerufen hat.) Es necesario que hablemos un poco más del asunto. (Es ist notwendig, dass wir ein bisschen mehr über die Angelegenheit sprechen.) Es una pena que Luís dejara a su mujer. (Es ist schade, dass Luís seine Frau verlassen hat.) Bezieht sich der unpersönliche Ausdruck hingegen auf eine Gewissheit, eine feststehende Tatsache, so steht im Nebensatz der Indikativ: Es evidente que están borrachos. (Es ist offensichtlich, dass sie betrunken sind.)
- wenn que einen Relativsatz einleitet, bei dem das Bezugswort etwas Unbekanntes, nicht Vorhandenes oder nicht näher Bestimmtes bezeichnet: Los que lleguen primeros a la meta recibirán un premio. (Diejenigen, die zuerst durchs Ziel laufen, bekommen einen Preis.) Necesitamos una persona que nos ayude en las tareas domésticas. (Wir suchen jemanden, der uns bei der Hausarbeit hilft.) No conozco a nadie que sepa chino. (Ich kenne niemanden, der Chinesisch kann.)
- *subjuntivo* im Nebensatz nach weiteren Konjunktionen: Bei den weiteren Konjunktionen unterscheidet man zwischen solchen, die immer den subjuntivo nach sich ziehen, und solchen, die sowohl mit dem Indikativ als auch mit dem subjuntivo stehen können:

- Konjunktionen, die immer mit dem subjuntivo gebraucht werden, sind para que / a fin de que (damit), siempre que / con tal de que (vorausgesetzt, dass), a no ser que (es sei denn [dass]), sin que (ohne dass), antes de que (bevor): Te lo digo para que lo sepas. (Ich sage es dir, damit du es weißt.) Recuérdamelo antes de que te vayas. (Erinnere mich daran, bevor du gehst.) Nach der Konjunktion como si kann nur der subjuntivo imperfecto oder pluscuamperfecto folgen: Habla como si supiera de qué va. (Er spricht, als ob er wüsste, worum es geht.)
- Konjunktionen, die sowohl mit dem subjuntivo als auch mit dem Indikativ stehen können, ändern je nach Modus ihre Bedeutung. Bezieht sich der Nebensatz auf die Vergangenheit oder Gegenwart, beschreibt er also z. B. eine bekannte Tatsache oder eine Gewohnheit, so steht der Indikativ. Handelt es sich um etwas, das noch nicht eingetreten ist und möglicherweise nie eintreten wird, steht der subjuntivo. Die wichtigsten Konjunktionen dieser Art sind cuando ([immer] wenn / sobald), aunque (obwohl / selbst wenn), mientras (während/solange), después de que (nachdem [etwas schon eingetreten ist / noch eintreten wird]): Cuando llego a Londres, me compro primero libros ingleses. ([Immer] wenn ich in London ankomme, kaufe ich mir als erstes englische Bücher.)
- Cuando llegue a Londres, primero me compraré libros ingleses. (Sobald ich in London ankomme, kaufe mir als erstes englische Bücher.) Aunque quieren, Ana no se queda embarazada. (Obwohl sie es wollen, wird Ana nicht schwanger.) – Aunque quisieran, Ana no

puede quedarse embarazada. (Selbst wenn sie es wollten, könnte Ana nicht schwanger werden.)
- *subjuntivo* im Hauptsatz:
  - Der subjuntivo kommt im Hauptsatz vor, wenn ein Wunsch zum Ausdruck gebracht wird. Der Satz wird dann häufig mit ojalá (hoffentlich) oder que eingeleitet: ¡Ojalá llueva mañana! (Hoffentlich regnet es morgen!) ¡Que descanses! (Schlaf gut!) ¡Que tengáis un buen viaje! (Gute Reise!)
  - Nach quizás / tal vez / acaso (vielleicht), posiblemente (möglicherweise), probablemente (wahrscheinlich) kann sowohl der Indikativ als auch der subjuntivo stehen. Der Sprecher bringt mit dem Modus, den er wählt, zum Ausdruck, für wie wahrscheinlich er das Gesagte hält: No ha venido a la fiesta todavía. Tal vez está en un atasco. (Er ist noch nicht zum Fest erschienen. Vielleicht steckt er in einem Stau. – wahrscheinlich, also Indikativ) Quizás vea mañana a José Ángel, pero todavía no hemos quedado. (Vielleicht sehe ich José Ángel morgen, aber wir haben noch nichts ausgemacht. – eher unwahrscheinlich, also subjuntivo) Posiblemente se haya roto un brazo. (Möglicherweise hat er sich den Arm gebrochen. – eher unwahrscheinlich / nur eine Vermutung, also subjuntivo).

Verbformen ▸ A I, 7.

▸ **antes de que, aunque, cuando, después de que, hasta que, mientras, para que**

Kurztest ▸ A III, KT 49

Substantiv

La casa está en venta. (Das Haus steht zum Verkauf.) El lápiz no tiene punta. (Der Bleistift ist nicht angespitzt.)

- Die spanischen Substantive haben in der Regel eine Singular- und eine Pluralform und sind entweder männlich oder weiblich. Eine sächliche Form (Neutrum) hat das Spanische im Gegensatz zum Deutschen nicht. Die Kasusbeziehungen (Genitiv, Dativ, Akkusativ) werden im Spanischen durch Präpositionen gekennzeichnet.
- Substantive auf -o sind in der Regel männlich; Substantive auf -a sind meistens weiblich, wie hier jeweils am Artikel zu erkennen ist: el libro (Buch), la playa (Strand), el bolso (Handtasche), la bolsa (Einkaufstasche), el viento (Wind), la plaza (Platz).
- Substantive auf -e können männlich oder weiblich sein: el coche (Auto), el diente (Zahn), el tomate (Tomate), la leche (Milch), la noche (Nacht), la calle (Straße).
- Ebenso können Substantive, die auf Konsonant enden, grundsätzlich sowohl männlich als auch weiblich sein: el sol (Sonne), la piel (Haut).
- Neben den oben erwähnten Endungen -o (männlich) und -a (weiblich) gibt es weitere, die das Geschlecht (mehr oder weniger) eindeutig markieren. Die Ausnahmen sollte man sich einprägen. <u>Männlich</u> sind in der Regel die Substantive auf:

-or	el amor (Liebe), el color (Farbe), el actor (Schauspieler)
	<u>Aber:</u> la flor (Blume)
-ón	el balcón (Balkon), el león (Löwe)
	<u>Aber:</u> la razón (Grund)
-án	el alemán (Deutsch), el vulcán (Vulkan)

| -aje | el garaje (Garage), el peaje (Autobahngebühr) |
| -x | el tórax (Brustkorb), el fax (Fax) |

Neben der Endung -a, weisen folgende Endungen in der Regel auf ein weibliches Substantiv hin:

-ad	la ciudad (Stadt), la libertad (Freiheit)
-ión	la opinión (Meinung), la sensación (Empfindung), la canción (Lied), la explosión (Explosion)
	<u>Aber:</u> el camión (Lkw), el avión (Flugzeug)
-umbre	la costumbre (Brauch), la certidumbre (Gewissheit)
-ud	la salud (Gesundheit), la actitud (Haltung, Einstellung)
-ez	la estupidez (Dummheit), la niñez (Kindheit)
	<u>Aber:</u> el pez (Fisch)
-triz	la cicatriz (Narbe), la actriz (Schauspielerin)

- Weitere Abweichungen von diesen Regeln sind:
  – männliche Substantive auf -a: el día (Tag), el mapa (Landkarte), el tranvía (Straßenbahn), el planeta (Planet) sowie Substantive griechischen Ursprungs auf -ma: el tema (Thema), el problema (Problem), el poema (Gedicht), el clima (Klima), el síntoma (Symptom).
  – Weibliche Substantive auf -o: la mano (Hand), la radio (Radio), la moto (Motorrad), la foto (Foto).
  – Substantive – insbesondere für Berufsbezeichnungen –, deren männliche und weibliche Form identisch sind, z.B. Substantive auf -ista: el/la artista (Künstler/-in), el/la pianista (Klavierspieler/-in), el/la economista (Wirtschaftswissenschaftler/-in), Substantive auf -ante: el/la cantante (Sänger/-in), el/la amante (Liebhaber/-in) und einige Substantive auf -a: el/la colega (Kollege/Kollegin), el/la espía (Spion/-in), el/la policía (Polizist/-in).

Substantiv 117

- Substantive, die je nach Geschlecht eine andere Bedeutung haben:

el capital	Kapital	la capital	Hauptstadt
el corte	Schnitt	la corte	(königlicher) Hof
el editorial	Leitartikel	la editorial	Verlag
el orden	Ordnung	la orden	Befehl
el frente	Front	la frente	Stirn
el cura	Pfarrer	la cura	Kur

▸ **Pluralbildung**
▸ **Verkleinerungs- und Vergrößerungssuffixe**
Kurztest ▸ A III, KT 50

T

también/tampoco (auch / auch nicht)

Yo <u>también</u> soy de Italia. (Ich bin auch aus Italien.) Él <u>tampoco</u> ha leído esta novela. (Er hat diesen Roman auch nicht gelesen.)

- Das Adverb <u>también</u> drückt eine Art Zustimmung aus. Das Adverb <u>tampoco</u> ist die Verneinung von <u>también</u>.
- Beide Adverbien können vor oder hinter dem Verb stehen: Yo también soy rubia como Laura. / Yo soy rubia también como Laura. (Ich bin auch blond wie Laura.) Wenn <u>tampoco</u> hinter dem Verb steht, muss vor dem Verb <u>no</u> ergänzt werden: Yo no he escrito esta carta. – Yo <u>no</u> la he escrito <u>tampoco</u>. / Yo tampoco la he escrito. (Ich habe diesen Brief nicht geschrieben. – Ich habe ihn auch nicht geschrieben.)

Kurztest ▸ A II, KT 51
▸ **Verneinung**

tan … como (so/genauso … wie)

María es tan alta como Paula. (María ist so groß wie Paula.) Ana toca el piano tan bien como Antonio. (Ana spielt genauso gut Klavier wie Antonio.)

- Mit <u>tan … como</u> wird ein <u>Vergleich gleichen Grades</u> gebildet. Wenn Eigenschaften verglichen werden, steht zwischen <u>tan … como</u> ein Adjektiv (Eigenschaftswort): Eres tan guapa como tu hermana. (Du bist genauso hübsch wie deine Schwester.) Werden Handlungen verglichen, steht dort ein Adverb (hier: handlungsbeschrei-

bendes Verb): Cantáis tan mal como vuestro padre. (Ihr singt so schlecht wie euer Vater.)
- Weitere Formen des Vergleichs ▶ **Steigerung des Adjektivs, Steigerung des Adverbs**

Kurztest ▶ A II, KT 52

tener (haben)

Präsens: tengo, tienes, tiene, tenemos, tenéis, tienen
Pretérito indefinido: tuve, tuviste, tuvo, tuvimos, tuvisteis, tuvieron
Partizip Perfekt: tenido (gehabt)
Verbformen ▶ A I

todo/toda (jede/-r/-s, alle/-s, ganz)

Han venido todos. (Alle sind gekommen.) Marta se lo ha comido todo. (Marta hat alles gegessen.)
- Als Indefinitbegleiter steht todo vor dem Substantiv, als Indefinitpronomen ersetzt es das Substantiv. Todo ist in Geschlecht und Zahl veränderlich: Todo ciudadano y toda ciudadana con ingresos tiene que pagar impuestos. (Jeder Bürger und jede Bürgerin mit Einkommen muss Steuern zahlen.) Todos han dicho que se levantarán pronto. (Alle haben gesagt, dass sie früh aufstehen werden.)
- Wenn todo ein Substantiv mit bestimmtem Artikel begleitet, bedeutet es im Singular »ganz« und im Plural »alle«: todo el dinero (das ganze Geld), todas las personas (alle Menschen).
- Bei Zeitbestimmungen bedeutet todo im Singular »ganz«

und im Plural »jeder«: todo el día (den ganzen Tag), todos los días (jeden Tag), toda la semana (die ganze Woche), todas las semanas (jede Woche), todo el año (das ganze Jahr), todos los años (jedes Jahr).
- Wenn <u>todo</u> ein Substantiv ersetzt, steht es in der Regel im Plural und ist hinsichtlich des Geschlechts veränderlich: <u>Todos</u> querían ver a la princesa. (Alle [Männer und Frauen] wollten die Prinzessin sehen.) <u>Todas</u> han participado en la maratón. (Alle [Frauen] haben am Marathon teilgenommen.) ¿Las postales? Sí, ya las he escrito <u>todas</u>. (Die Postkarten? Ja, die habe ich schon alle geschrieben.) Wenn sich <u>todo</u> auf einen ganzen Sachverhalt oder mehrere nicht näher definierte Gegenstände bezieht, ist es unveränderlich und trägt die Bedeutung »alles«: Lo he visto <u>todo</u>. (Ich habe alles gesehen.) Lo he tirado <u>todo</u> por la ventana. (Ich habe alles aus dem Fenster geworfen.)

▸ **Indefinitpronomen**
Kurztest ▸ A III, KT 53

traer (bringen)

<u>Präsens:</u> traigo, traes, trae, traemos, traéis, traen
<u>Pretérito indefinido:</u> traje, trajiste, trajo, trajimos, trajisteis, trajeron
<u>Partizip Perfekt:</u> traído (gebracht)
Verbformen ▸ A I

U

Unpersönliche Formen

El desayuno se sirve hasta las 10:00. (Das Frühstück wird bis 10:00 Uhr serviert.) A veces uno no sabe qué decir. (Manchmal weiß man nicht, was man sagen soll.) Organizaron una fiesta de despedida para la jefa. (Man hat / Es wurde eine Abschiedsfeier für die Chefin organisiert.) Está lloviendo. (Es regnet gerade.)

- Im Spanischen gibt es verschiedene Möglichkeiten, eine unpersönliche Aussage zu formulieren: Man verwendet das Reflexivpronomen se oder die unbestimmten Pronomen uno/una oder man setzt das Verb in die 3. Person Plural.
- Unpersönliche Aussagen mit se: Die Konstruktion mit se wird heute im allgemeinen der Passivvariante vorgezogen. Sie lässt sich im Deutschen mit »man« oder auch passivisch wiedergeben: En esta oficina se habla poco. (In diesem Büro spricht man wenig / wird wenig gesprochen.) Wenn die Personen oder Dinge, mit denen etwas geschieht, im Plural stehen, wird das Verb – v. a. in der gesprochenen Sprache – angeglichen: En México se hablan muchas lenguas; anstatt: En México se habla muchas lenguas. (In Mexiko werden viele Sprachen gesprochen. / Man spricht in Mexiko viele Sprachen.) Diese Konstruktion mit angeglichener Verbform nennt man pasiva refleja.
- Das unbestimmte Pronomen *uno/una:* Diese Konstruktion wird im Deutschen mit »man« wiedergegeben. Sie kann nicht passivisch übersetzt werden, weil der Spre-

cher sich selbst mit in die Aussage einbezieht: Aquí uno no duerme en paz. (Hier schläft man [auch ich] nicht in Ruhe.)
- <u>Die 3. Person Plural</u>: Diese unpersönliche Form ist in der gesprochenen Sprache sehr verbreitet und wird im Deutschen oft mit »man« wiedergegeben: Llamaron a la puerta. (Man hat an der Tür geklopft / Es hat geklopft.) Dicen que nos subirán los sueldos. (Man sagt / Sie sagen, man wird [uns] die Löhne erhöhen.)
- <u>Die Entsprechungen von »es«</u>: Für Naturerscheinungen wird im Deutschen oft auf »es«, z.B. es schneit, zurückgegriffen. Im Spanischen steht das Verb ebenfalls in der 3. Person Singular, es wird jedoch kein Pronomen verwendet: Llueve. (Es regnet.) Nieva. (Es schneit.) Graniza. (Es hagelt.) Für das deutsche »es gibt« / »es gab« usw. verwendet das Spanische die 3. Person Singular des Verbs <u>haber</u>. Im Präsens hat <u>haber</u> eine eigene Form für den unpersönlichen Ausdruck, und zwar <u>hay</u> (statt des ›persönlichen‹ <u>ha</u>): En esta sala hay mucho humo. (In diesem Raum gibt es viel Rauch.) Ayer hubo un accidente en la autopista. (Gestern gab es einen Unfall auf der Autobahn.)

▸ **Passiv**
▸ **hay und estar,** A I, 11
▸ **hay que + Infinitiv**
Kurztest ▸ A III, KT 54
Kurztest ▸ A III, KT 21

V

valer (gelten; kosten)

<u>Präsens:</u> valgo, vales, vale, valemos, valéis, valen
<u>Pretérito indefinido:</u> valí, valiste, valió, valimos, valisteis, valieron
<u>Partizip Perfekt:</u> valido (gegolten)
Verbformen ▸ A I

venir (kommen)

<u>Präsens:</u> vengo, vienes, viene, venimos, venís, vienen
<u>Pretérito indefinido:</u> vine, viniste, vino, vinimos, vinisteis, vinieron
<u>Partizip:</u> venido (gekommen)
Verbformen ▸ A I

ver (sehen)

<u>Präsens:</u> veo, ves, ve, vemos, véis, ven
<u>Pretérito indefinido:</u> vi, viste, vio, vimos, visteis, vieron
<u>Partizip Perfekt:</u> visto (gesehen)
Verbformen ▸ A I

Verdoppelung des direkten und indirekten Objekts

El jarrón lo puse en el centro de la mesa. (Die Vase [die] habe ich in die Mitte des Tisches gestellt.) Les di un beso a mis padres. (Ich habe meinen Eltern einen Kuss gegeben.)

- Wenn ein Satz zur Hervorhebung mit dem direkten oder indirekten Objekt beginnt, muss im Spanischen das Objekt in Form des entsprechenden unbetonten Objektpronomens wieder aufgenommen werden: La casa la renovamos hace unos años. (Das Haus [das] haben wir vor einigen Jahren renoviert.) A Paula no le gusta cantar. (Paula singt nicht gern.)
- Auch bei normaler Satzstellung, d. h. wenn der Satz mit dem Subjekt bzw. mit dem konjugierten Verb – das das Subjekt beinhaltet – beginnt, wird das Objekt sehr häufig mit dem entsprechenden Objektpronomen (vor dem Verb) verdoppelt. Dies ist am häufigsten beim indirekten Objekt der Fall: Luísa les regaló un libro de cocina a sus hermanos. (Luísa hat ihren Geschwistern ein Kochbuch geschenkt.) ¿Ya le has dado la vuelta a la tortilla? (Hast du das Omelett schon umgedreht?)
- Das direkte Objekt wird auch dann in Form des unbetonten Objektpronomens vorweggenommen bzw. verdoppelt, wenn es sich bei diesem Objekt um todo/-a oder um ein Zahlwort handelt, das sich auf Personen bezieht: Lo sé todo. (Ich weiß alles.) ¿Te has comido todas las galletas? – Sí, las he comido todas. (Hast du alle Kekse gegessen? – Ja, ich habe [sie] alle gegessen.) Las quiero a las tres (hermanas). (Ich liebe sie [die Schwestern] alle drei.)

▸ **Personalpronomen (unbetont)**
Kurztest ▸ A III, KT 55

Vergangenheit

▸ **pretérito imperfecto, pretérito indefinido, pretérito perfecto, pretérito pluscuamperfecto**

Verkleinerungs- und Vergrößerungssuffixe

Mi perrito se llama Chuc. (Mein kleiner Hund / Mein Hündchen heißt Chuc.) José tiene un barrigón tremendo de tanto beber cerveza. (José hat einen Riesenbauch, weil er so viel Bier trinkt.)

- Das Spanische hat ein großes Inventar an Verkleinerungs- und Vergrößerungssuffixen, die im Deutschen zum Teil mit anderen Mitteln, vor allem durch Adjektive und Präfixe, wiedergegeben werden. Diese Suffixe haben verschiedene Funktionen. Sie können verniedlichen oder abwerten und Zuneigung oder Verachtung zum Ausdruck bringen.
- <u>Verkleinerungssuffixe (Auswahl):</u>

-ito/-ita	mesita (kleiner Tisch, Tischlein)
	librito (kleines Buch, Büchlein)
	corazoncito (kleines Herz, Herzchen)
	jovencito (junger Mann)
	jovencita (junge Frau)
-ecito/-ecita	trenecito (kleiner Zug)
	piececito (Füßchen)
-illo/-illa	papelillo (Papierchen)
-cillo/-cilla	airecillo (leichter Luftzug)
-ico/-ica	arbolico (Bäumchen)

    - Verkleinerungssuffixe können nicht nur an Substantive, sondern auch an Adjektive, Adverbien, Partizipien

usw. angehängt werden: <u>ahorita</u> (jetzt gleich), <u>despacito</u> (schön langsam), <u>calladito</u> (ganz ruhig), <u>un poquillo</u> / <u>un poquito</u> (ein bisschen).
- Der Gebrauch der Verkleinerungssuffixe hängt von der Region ab. In Spanien werden vor allem <u>-ito/-ita</u> und <u>-illo/-illa</u> verwendet, während <u>-ico/-ica</u> eher in Kolumbien, Costa Rica und auf den Antillen vorkommt und in Spanien nur in Aragón und Navarra üblich ist. Andere v. a. regional verwendete Verkleinerungssuffixe sind <u>-iño/-iña</u> in Galicien: <u>camiñino</u> (kleiner Weg) oder <u>-ete</u> in Katalonien, Valencia und auf den Balearen: <u>bosquete</u> (Wäldchen).

- <u>Vergrößerungssuffixe (Auswahl):</u>

-ón/-ona	novelón (dicker Roman)
-azo/-aza	cochazo (großes, dickes Auto)
	frenazo (Vollbremsung)
-ote/-ota	machote (echter Kerl)
-ada	fantasmada (Prahlerei)
-ucho/-ucha	pueblucho (langweiliges Kaff)

- Die Substantive auf <u>-ada</u> sind alle weiblich: <u>la puñalada</u> (Dolchstoß), <u>la payasada</u> (Blödsinn, Albernheit).
- Auch die Vergrößerungssuffixe können sowohl an Substantive als auch an andere Wortarten angehängt werden: <u>grandote</u> (riesengroß; Riese), <u>lejazos</u> (sehr weit weg), <u>dormilón</u> (Langschläfer), <u>llorona</u> (Heulsuse), <u>comilón</u> (Fresssack), <u>comilona</u> (Schlemmerei, Fresserei).
- Die Vergrößerungssuffixe werden seltener verwendet als die Verkleinerungssuffixe.

Verneinung

No sé nada de eso. (Ich weiß davon nichts.)

- Im Spanischen wird die einfache Verneinung mit no (nicht) gebildet. No steht vor dem konjugierten Verb; bei den zusammengesetzten Zeiten ist dies das Hilfsverb haber: Ahora no puedo. (Jetzt kann ich nicht.) Todavía no me he duchado. (Ich habe noch nicht geduscht.)
- Als Antwort bedeutet no »nein«: ¿Quieres más café? – No, gracias. (Willst du noch einen Kaffee? – Nein, danke.)
- no entspricht auch dem deutschen »kein«: No tiene hambre. (Er hat keinen Hunger.)
- Doppelte Verneinung: Wenn ein Satz eine Verneinung wie nadie (niemand), nunca (nie) oder tampoco (auch nicht) enthält und diese nach dem Verb steht, muss unmittelbar vor dem Verb zusätzlich ein no eingefügt werden: No vino nadie. (Es kam niemand.) No he estado nunca enferma. (Ich war noch nie krank.) No nos dejaron entrar tampoco. (Wir wurden auch nicht hereingelassen.) Stehen nadie, nunca usw. vor dem Verb, so entfällt das no: Nadie vino. Nunca he estado enferma. Tampoco nos dejaron entrar.

▸ **tampoco**
▸ **nada, nadie**
▸ **nunca**

Kurztest ▸ A III, KT 56

volver (zurückkehren)

Präsens: vuelvo, vuelves, vuelve, volvemos, volvéis, vuelven
Partizip Perfekt: vuelto (zurückgekehrt)
Verbformen ▸ A I

Vorvergangenheit

▸ **pretérito pluscuamperfecto**
Verbformen ▸ A I, 4.2

Y

y (und)

Voy a escribir un correo electrónico a María y a Carlos. (Ich schreibe gleich eine E-Mail an María und Carlos.)

- Die nebenordnende Konjunktion y verbindet Wörter und auch Hauptsätze miteinander: el coche y la moto (das Auto und das Motorrad); Primero desayuno con mis padres y después voy al baño para ducharme. (Zuerst frühstücke ich mit meinen Eltern und danach gehe ich ins Bad, um zu duschen.)
- <u>Besonderheit:</u> Wenn das auf y folgende Wort mit i oder hi beginnt, wird y zu e: Estudio francés e inglés. (Ich lerne Französisch und Englisch.)

▸ **Konjunktionen**

yo, tú, él/ella, usted, nosotros/-as, vosotros/-as, ellos/ellas, ustedes

▸ **Personalpronomen (betont)**

Z

Zeitangaben

Son las diez de la mañana. (Es ist zehn Uhr morgens.) Murió el 23 de septiembre. (Er starb am 23. September.) Aristóteles vivió en el siglo IV a. C. (Aristoteles hat im 4. Jahrhundert v. Chr. gelebt.)

- Die Uhrzeit wird im Spanischen mit den Grundzahlen und dem bestimmten Artikel la oder las (hora/horas) zusammen mit der 3. Person Singular bzw. Plural von ser angegeben: Es la una y diez. (Es ist zehn nach eins.) Son las cinco de la tarde. (Es ist fünf Uhr nachmittags.) Das deutsche »um« wird mit der Präposition a wiedergegeben: La clase empieza a las cuatro. (Der Unterricht beginnt um sechzehn Uhr.) Die offizielle Zeitangabe von 0 bis 24 ist nur an Flughäfen, Bahnhöfen usw. üblich: El tren hacia Murcia saldrá a las 15:34. (Der Zug nach Murcia wird um 15:34 Uhr abfahren.)
- Das Datum wird mit den Grundzahlen angegeben: Las vacaciones empiezan el 3 de agosto. (Die Ferien beginnen am 3. August.) Ausnahme ist der Erste des Monats, der auch mit der Ordnungszahl primero benannt werden kann: Hoy es el 1 (uno) / 1.° (primero) de marzo. (Heute ist der erste März.) In Briefen schreibt man das Datum entweder aus, oder man setzt die Trennzeichen / oder – z. B.: Colonia, 4 de abril de 2012; Colonia, 04/04/2012; Colonia, 04–04–2012.
- Die Jahreszahlen werden immer als Tausenderzahlen gesprochen: Nací en 1975 (mil novecientos setenta y cinco). (Ich wurde 1975 geboren.) Die Jahreszahlen bis 1999 wer-

den in der Regel ohne Artikel oder mit dem Zusatz <u>en el</u> <u>año</u> angegeben: La Segunda Guerra Mundial terminó en 1945 / en el año 1945. (Der 2. Weltkrieg endete 1945 / im Jahr 1945.) Ab 2000 ist die Angabe mit Artikel üblich: Me casé en el 2001. (Ich habe [im Jahr] 2001 geheiratet.)
- Die Jahrhunderte werden in römischen Zahlen angegeben. Dies können vom 1. bis 10. Jahrhundert sowohl Grund- als auch Ordnungszahlen sein; ab dem 11. Jahrhundert sind nur die Grundzahlen gebräuchlich: el siglo VIII (el siglo ocho/octavo) (das 8. Jahrhundert), el siglo XIX (el siglo diecinueve) (das 19. Jahrhundert). Die Zusätze »Vor Christus« und »Nach Christus« lauten im Spanischen <u>antes de Cristo</u> und <u>después de Cristo</u> bzw. abgekürzt <u>a. C.</u> und <u>d. C.</u>

▸ **Grundzahlen, Ordnungszahlen**

Zeiten der Verben

Verbformen ▸ A I

Zukunft

▸ **futuro simple**
▸ **futuro perfecto**

Anhang I

Übersicht über das spanische Verbsystem

Im folgenden wird das Verbsystem der spanischen Sprache in seinen Grundzügen vorgestellt: die Verben im Präsens (regelmäßig und unregelmäßig), die Zeiten der Vergangenheit, das Futur, das Konditional, der Imperativ und der <u>subjuntivo</u> (spanischer Konjunktiv). Anschließend werden einige Verben näher besprochen: der Unterschied zwischen <u>hay</u> und <u>estar</u>, der Gebrauch von <u>ser</u> und <u>estar</u> sowie die verschiedenen Übersetzungsmöglichkeiten des deutschen Verbs »werden«.

Inhaltsübersicht

1. presente de indicativo (Indikativ Präsens)
   1.1 regelmäßige Verben · 1.2 Verben mit Stammvokaländerung ·
   1.3 unregelmäßige Verben · 1.4 orthographische Besonderheiten
2. pretérito indefinido
   2.1 regelmäßige Verben · 2.2 unregelmäßige Verben
3. pretérito imperfecto (Imperfekt)
   3.1 regelmäßige Verben · 3.2 unregelmäßige Verben
4. zusammengesetzte Zeiten der Vergangenheit (Indikativ)
   4.1 pretérito perfecto (Perfekt) · 4.2 pretérito pluscuamperfecto
   (Plusquamperfekt)
5. futuro (Futur I und II)
   5.1 futuro simple (Futur I) · 5.2 futuro perfecto (Futur II)
6. condicional (Konditional I und II)
   6.1 condicional simple (Konditional I) · 6.2 condicional perfecto
   (Konditional II)
7. subjuntivo presente (spanischer Konjunktiv Präsens)
   7.1 Verben mit Stammvokaländerung · 7.2 unregelmäßige Verben ·
   7.3 orthographische Besonderheiten
8. subjuntivo imperfecto (spanischer Konjunktiv Imperfekt)
9. zusammengesetzte Zeiten der Vergangenheit (spanischer
   Konjunktiv)
   9.1 subjuntivo perfecto (spanischer Konjunktiv Perfekt) ·
   9.2 subjuntivo pluscuamperfecto (spanischer Konjunktiv
   Plusquamperfekt)
10. imperativo (Imperativ)
    10.1 bejahter Imperativ · 10.2 verneinter Imperativ
11. hay und estar
12. ser
13. estar
14. ser oder estar + Adjektiv
15. »werden« im Spanischen

1. presente de indicativo (Indikativ Präsens)

1.1 regelmäßige Verben

Die spanischen Verben werden entsprechend ihrer Infinitivendung in drei Konjugationsgruppen eingeteilt:

	trabaj-ar	beb-er	viv-ir
(yo)	trabaj-o	beb-o	viv-o
(tú)	trabaj-as	beb-es	viv-es
(él, ella, usted)	trabaj-a	beb-e	viv-e
(nosotros/-as)	trabaj-amos	beb-emos	viv-imos
(vosotros/-as)	trabaj-áis	beb-éis	viv-ís
(ellos/-as, ustedes)	trabaj-an	beb-en	viv-en

– Aus den Endungen des Präsens kann man anders als im Deutschen eindeutig ersehen, wer Träger der Handlung ist. Die Personalpronomen zur Angabe des Subjekts werden darum nur hinzugenommen, wenn dieses Subjekt betont werden soll. ▸ **Personalpronomen (betont)**

– Die Betonung liegt bei den Verben im Indikativ Präsens auf dem Stamm: v<u>i</u>vo, b<u>e</u>bes, trab<u>a</u>jan usw. Lediglich die Formen der 1. und 2. Person Plural (nosotros, vosotros) sind endungsbetont: trabaj<u>a</u>mos, trabaj<u>á</u>is.

1.2 Verben mit Stammvokaländerung

(a) Bei einer Reihe von Verben diphtongiert in den stammbetonten Formen der Stammvokal. Diese Verben lassen sich in Gruppen einteilen:

Gruppe	Verben auf
e → ie	-ar pensar (denken)

Singular: pienso, piensas, piensa
Plural: pensamos, pensáis, piensan

-er entender (verstehen)
Singular: entiendo, entiendes, entiende
Plural: entendemos, entendéis, entienden

-ir preferir (bitten)
Singular: prefiero, prefieres, prefiere
Plural: preferimos, preferís, prefieren

o → ue -ar contar (zählen)
Singular: cuento, cuentas, cuenta
Plural: contamos, contáis, cuentan

-er poder (können)
Singular: puedo, puedes, puede
Plural: podemos, podéis, pueden

-ir dormir (schlafen)
Singular: duermo, duermes, duerme
Plural: dormimos, dormís, duermen

- Das Verb jugar (spielen) ist das einzige Verb, bei dem u zu ue diphthongiert: jugar – juego, juegas, juega, jugamos, jugáis, juegan.
- Weitere Verben mit Diphthongierung sind: cerrar (schließen), empezar (beginnen), doler (weh tun), mostrar (zeigen), probar (ausprobieren; beweisen), querer (wollen), soñar (träumen), sonar (klingeln), volver (zurückkehren).

(b) Bei einigen Verben auf -ir wechselt der betonte Stammvokal zu i: pedir (bitten) – pido, pides, pide, pedimos, pedís, piden. Ebenso: corregir (korrigieren), elegir (wählen), medir (messen), repetir (wiederholen), reírse (lachen), seguir (folgen), servir (dienen), vestirse (sich anziehen).

1.3 unregelmäßige Verben

(a) Eine Gruppe von Verben ist nur in der 1. Person Singular unregelmäßig, die übrige Präsenskonjugation ist regelmäßig.

-go	hacer (machen, tun)
	Singular: <u>hago</u>, haces, hace
	Plural: hacemos, hacéis, hacen
	poner (stellen, legen)
	Singular: <u>pongo</u>, pones, pone
	Plural: ponemos, ponéis, ponen
	salir (ausgehen)
	Singular: <u>salgo</u>, sales, sale
	Plural: salimos, salís, salen
-oy	dar (geben)
	Singular: <u>doy</u>, das, da
	Plural: damos, dais, dan
	estar (sich befinden)
	Singular: <u>estoy</u>, estás, está
	Plural: estamos, estáis, están
-zco	conocer (kennen)
	Singular: <u>conozco</u>, conoces, conoce
	Plural: conocemos, conocéis, conocen
	crecer (wachsen)
	Singular: <u>crezco</u>, creces, crece
	Plural: crecemos, crecéis, crecen

– Bei <u>traer</u> (bringen) und <u>caer</u> (fallen) endet die erste

Person Singular auf -igo: traigo, traes, trae, traemos, traéis, traen; caigo, caes, cae, caemos, caéis, caen.
- Die meisten Verben auf -ecer, -ocer und -ucir bilden die erste Person Singular mit -zco, z.B. ofrecer (anbieten): ofrezco; carecer (entbehren): carezco; conocer (kennen): conozco; conducir (selbst fahren): conduzco; producir (herstellen): produzco.

(b) Die Unregelmäßigkeiten einiger wichtiger Verben lassen sich nicht systematisieren. In manchen Fällen handelt es sich um eine Mischung der bisher genannten Unregelmäßigkeiten.

decir (sagen)	digo, dices, dice, decimos, decís, dicen
haber (haben)	he, has, ha, han, hemos, han
oír (hören)	oigo, oyes, oye, oímos, oís, oyen
oler (riechen)	huelo, hueles, huele, olemos, oléis, huelen
saber (wissen)	sé, sabes, sabe, sabemos, sabéis, saben
ser (sein)	soy, eres, es, somos, sois, son
tener (haben)	tengo, tienes, tiene, tenemos, tenéis, tienen
venir (kommen)	vengo, vienes, viene, venimos, venís, vienen
ver (sehen)	veo, ves, ve, vemos, véis, ven

- Das Verb haber wird nur für die Bildung der zusammengesetzten Zeiten gebraucht: Hoy he leído mucho. (Heute habe ich viel gelesen). ▶ **vgl. 4.** »Haben« im Sinne von »besitzen« wird im Spanischen mit tener ausgedrückt. Zu haber gibt es auch die unpersönliche Form hay mit der Bedeutung »es gibt«. ▶ **vgl. 11.**

1.4 orthographische Besonderheiten

Einige Verben weisen orthographische Besonderheiten auf, die mit der Aussprache der jeweiligen Verbform zusammenhängen.

(a) Orthographische Veränderungen in der 1. Person Singular
 – Verben auf -ger und -gir bilden die 1. Person Singular mit -jo:
  proteger (schützen) protejo, proteges, protege,
            protegemos, protegéis, protegen
  dirigir (leiten)   dirijo, diriges, dirige,
            dirigimos, dirigís, dirigen
  Ebenso: coger (nehmen), corregir (korrigieren).
 – Verben auf -guir bilden die 1. Person Singular mit -go:
  seguir (folgen)   sigo, sigues, sigue,
            seguimos, seguís, siguen
  distinguir (kenn- distingo, distingues, distingue,
  zeichnen; erkennen) distinguimos, distinguís, distinguen
  Ebenso: conseguir (erreichen), perseguir (verfolgen), proseguir (fortsetzen).

(b) Vermeidung eines Hiatus (Aufeinandertreffen zweier Vokale, die verschiedenen Silben angehören).

Bei den Verben auf -uir wird das i dort, wo es zwischen zwei Vokalen stehen würde, zu y:

construir (bauen)	construyo, construyes, construye, construimos, construís, construyen
huir (fliehen)	huyo, huyes, huye, huimos, huís, huyen

Ebenso: concluir (abschließen), destruir (zerstören), disminuir (vermindern), sustituir (ersetzen).

(c) <u>Akzentsetzung zur grafischen Darstellung des Hiatus</u>

Bei einigen Verben auf -iar und -uar trägt das i bzw. das u einen Akzent, wenn es mit dem Vokal der Endung einen Hiatus bildet und betont wird. Auf diese Weise werden die Vokale auch grafisch getrennt:

enviar (schicken)	envío, envías, envía, enviamos, enviáis, envían
actuar (handeln)	actúo, actúas, actúa, actuamos, actuáis, actúan

Ebenso: ampliar (erweitern), confiar (vertrauen), continuar (fortfahren), criar (aufziehen, züchten), esquiar (Ski fahren), guiar (führen).

2. pretérito indefinido

2.1 regelmäßige Verben

Die spanischen Verben werden wie beim Präsens auch in allen Vergangenheitsformen in drei Konjugationsgruppen eingeteilt.

	trabaj-ar	beb-er	viv-ir
(yo)	trabaj-é	beb-í	viv-í
(tú)	trabaj-aste	beb-iste	viv-iste
(él, ella, usted)	trabaj-ó	beb-ió	viv-ió
(nosotros/-as)	trabaj-amos	beb-imos	viv-imos
(vosotros/-as)	trabaj-asteis	beb-isteis	viv-isteis
(ellos/-as, ustedes)	trabaj-aron	beb-ieron	viv-ieron

– Die <u>indefinido</u>-Formen der 1. und 3. Person Singular werden auf der letzten Silbe betont. Folgender Bedeutungsunterschied ist zu beachten: <u>viajo</u>: ich reise; <u>viajó</u>: er reiste / ist gereist; <u>(que) trabaje</u>: möge er arbeiten; <u>trabajé</u>: ich arbeitete / habe gearbeitet ▸ **vgl. 1.1 und 7**.
– Die Verben auf <u>-ar</u> und <u>-ir</u> haben in der 1. Person Plural im Präsens und im <u>indefinido</u> die gleiche Form, so bedeutet z.B. <u>hablamos</u> sowohl »wir sprechen« als auch »wir sprachen«.

2.2 unregelmäßige Verben

(a) <u>Verben mit Stammvokaländerung</u>
Einige Verben auf <u>-ir</u> ändern im <u>indefinido</u> in der 3. Person Singular und Plural den Stammvokal von <u>e</u> zu <u>i</u> bzw. von <u>o</u> zu <u>u</u>:

e → i	pedí, pediste, pidió,
pedir (bitten)	pedimos, pedisteis, pidieron
o → u	dormí, dormiste, durmió,
dormir (schlafen)	dormimos, dormisteis, durmieron

Ebenso: elegir (wählen), mentir (lügen), seguir (folgen), medir (messen), reírse (lachen), repetir (wiederholen), sentir (fühlen), vestirse (sich anziehen), servir (bedienen), morir (sterben).

(b) Orthographische Veränderungen in der 1. Person Singular

Einige Verben auf -ar weisen aus Gründen der Aussprache eine orthographische Veränderung in der 1. Person Singular auf:

- Verben auf -gar:

	pagar (zahlen)
-gar → -gué	pagué, pagaste, pagó usw.
	llegar (ankommen)
	llegué, llegaste, llegó usw.

Ebenso: negar (verneinen), jugar (spielen).

- Verben auf -car:

	buscar (suchen)
-car → -qué	busqué, buscaste, buscó usw.
	tocar (berühren)
	toqué, tocaste, tocó usw.

Ebenso: explicar (erklären), sacar (herausholen).

- Verben auf -zar:

	empezar (beginnen)
-zar → -cé	empecé, empezaste, empezó usw.
	cruzar (kreuzen, überqueren)
	crucé, cruzaste, cruzó usw.

Ebenso: almorzar (zu Mittag essen), comenzar (anfangen).

- Verben auf -guar:

	averiguar (herausfinden)
-guar → -güé	averigüé, averiguaste, averiguó usw.
	fraguar (schmieden)
	fragüé, fraguaste, fraguó usw.

Ebenso: apaciguar (besänftigen), aguar (verwässern).

(c) Orthographische Veränderungen in der 3. Person Singular und Plural

Bei einigen Verben auf -er und -ir wird das unbetonte i zwischen den Vokalen zu y:

	leer (lesen)
i → y	leí, leíste, leyó, leímos, leísteis, leyeron
	huir (fliehen)
	huí, huiste, huyó, huimos, huisteis, huyeron

Ebenso: caer (fallen), creer (glauben), oír (hören), construir (bauen), contribuir (beitragen).

(d) Verben mit verändertem Stamm

Eine Reihe von Verben ändert im indefinido den Stamm. Die Betonung der 1. und 3. Person Singular liegt, anders als bei den Formen der regelmäßigen Verben, auf diesem Stamm.

Infinitiv	indefinido-Stamm	indefinido-Formen
estar (sein)	estuv-	estuve, estuviste, estuvo, estuvimos, estuvisteis, estuvieron
dar (geben)	di-	di, diste, dio, dimos, disteis, dieron

pretérito indefinido

decir (sagen)	dij-	dije, dijiste, dijo, dijimos, dijisteis, dijeron
hacer (machen)	hic-	hice, hiciste, hizo, hicimos, hicisteis, hicieron
ir/ser (gehen/sein)	fu-	fui, fuiste, fue, fuimos, fuisteis, fueron
poder (können)	pud-	pude, pudiste, pudo, pudimos, pudisteis, pudieron
poner (stellen, legen)	pus-	puse, pusiste, puso, pusimos, pusisteis, pusieron
querer (wollen)	quis-	quise, quisiste, quiso, quisimos, quisisteis, quisieron
tener (haben)	tuv-	tuve, tuviste, tuvo, tuvimos, tuvisteis, tuvieron
traer (bringen)	traj-	traje, trajiste, trajo, trajimos, trajisteis, trajeron
venir (kommen)	vin-	vine, viniste, vino, vinimos, vinisteis, vinieron
ver (sehen)	vi-	vi, viste, vio, vimos, visteis, vieron

- Bei den Verben, die im geänderten indefinido-Stamm ein j haben, entfällt in der 3. Person Plural das i der Endung: decir → dijeron (sie sagten), traer → trajeron (sie brachten)
- Die indefinido-Formen der Verben ser und ir sind identisch.

3. pretérito imperfecto (Imperfekt)

3.1 regelmäßige Verben

	trabaj-ar	beb-er	viv-ir
(yo)	trabaj-aba	beb-ía	viv-ía
(tú)	trabaj-abas	beb-ías	viv-ías
(él, ella, usted)	trabaj-aba	beb-ía	viv-ía
(nosotros/-as)	trabaj-ábamos	beb-íamos	viv-íamos
(vosotros/-as)	trabaj-abais	beb-íais	viv-íais
(ellos/-as, ustedes)	trabaj-aban	beb-ían	viv-ían

- Die Betonung liegt immer auf der ersten Silbe der Endung.
- Die Endungen der 1. und 3. Person Singular sind jeweils identisch.

3.2 unregelmäßige Verben

Nur drei Verben haben unregelmäßige Imperfekt-Formen: <u>ser</u> (sein), <u>ver</u> (sehen) und <u>ir</u> (gehen):

	ser	ver	ir
(yo)	era	veía	iba
(tú)	eras	veías	ibas
(él, ella, usted)	era	veía	iba
(nosotros/-as)	éramos	veíamos	íbamos
(vosotros/-as)	erais	veíais	ibais
(ellos/-as, ustedes)	eran	veían	iban

4. zusammengesetzte Zeiten der Vergangenheit (Indikativ)

4.1 pretérito perfecto (Perfekt)

(a) Das <u>pretérito perfecto</u> wird mit dem Präsens des Hilfsverbs <u>haber</u> (haben) und dem Partizip Perfekt gebildet.

	trabaj-ar	beb-er	viv-ir
(yo)	he trabajado	he bebido	he vivido
(tú)	has trabajado	has bebido	has vivido
(él, ella, usted)	ha trabajado	ha bebido	ha vivido
(nosotros/-as)	hemos trabajado	hemos bebido	hemos vivido
(vosotros/-as)	habéis trabajado	habéis bebido	habéis vivido
(ellos/-as, ustedes)	han trabajado	han bebido	han vivido

– Die regelmäßigen Verben auf <u>-ar</u> bilden das Partizip Perfekt auf <u>-ado</u>; die regelmäßigen Verben auf <u>-er</u> und <u>-ir</u> jeweils auf <u>-ido</u>.
– Das Partizip ist unveränderlich und steht direkt beim Hilfsverb: Hoy me he comprado dos libros. (Heute habe ich mir zwei Bücher gekauft.)

(b) Einige Partizipien sind unregelmäßig; die häufigsten sind:

hacer (machen)	<u>hecho</u>	abrir (öffnen)	<u>abierto</u>
poner (stellen, legen)	<u>puesto</u>	cubrir (zudecken)	<u>cubierto</u>
romper (kaputtmachen)	<u>roto</u>	decir (sagen)	<u>dicho</u>
ver (sehen)	<u>visto</u>	escribir (schreiben)	<u>escrito</u>
volver (zurückkehren)	<u>vuelto</u>	morir (sterben)	<u>muerto</u>

4.2 pretérito pluscuamperfecto (Plusquamperfekt)

Das <u>pretérito pluscuamperfecto</u> wird mit dem Imperfekt des Hilfsverbs <u>haber</u> und dem Partizip Perfekt gebildet:

	trabaj-ar	beb-er	viv-ir
(yo)	había trabajado	había bebido	había vivido
(tú)	habías trabajado	habías bebido	habías vivido
(él, ella, usted)	había trabajado	había bebido	había vivido
(nosotros/-as)	habíamos trabajado	habíamos bebido	habíamos vivido
(vosotros/-as)	habíais trabajado	habíais bebido	habíais vivido
(ellos/-as, ustedes)	habían trabajado	habían bebido	habían vivido

5. futuro (Futur I und II)

5.1 futuro simple (Futur I)

(a) regelmäßige Verben

	trabaj-ar	beb-er	viv-ir
(yo)	trabajar-é	beber-é	vivir-é
(tú)	trabajar-ás	beber-ás	vivir-ás
(él, ella, usted)	trabajar-á	beber-á	vivir-á
(nosotros/-as)	trabajar-emos	beber-emos	vivir-emos
(vosotros/-as)	trabajar-éis	beber-éis	vivir-éis
(ellos/-as, ustedes)	trabajar-án	beber-án	vivir-án

– Im Futur I ist der Stamm mit dem Infinitiv identisch.
– Die Endungen lauten für alle drei Konjugationsgruppen gleich.
– Die Betonung liegt immer auf der Endung, bei der zweisilbigen Endung der 1. Person Plural auf der ersten Silbe der Endung.

(b) unregelmäßige Verben
Manche Verben ändern im Futur ihren Stamm. Die Endungen bleiben jedoch regelmäßig. Die gängigsten Verben dieser Art sind:

Infinitiv	Futur-Stamm	Futur-Form
decir (sagen)	dir-	diré, dirás, dirá usw.
haber (haben)	habr-	habré, habrás, habrá usw.
hacer (machen)	har-	haré, harás, hará usw.
poder (können)	podr-	podré, podrás, podrá usw.
poner (stellen, legen)	pondr-	pondré, pondrás, pondrá usw.

querer (wollen)	querr-	querré, querrás, querrá usw.
saber (wissen)	sabr-	sabré, sabrás, sabrá usw.
salir (ausgehen)	saldr-	saldré, saldrás, saldrá usw.
tener (haben)	tendr-	tendré, tendrás, tendrá usw.
venir (kommen)	vendr-	vendré, vendrás, vendrá usw.

5.2 futuro perfecto (Futur II)

Das Futur II wird mit dem Futur I des Hilfsverbs <u>haber</u> und dem Partizip Perfekt gebildet:

	trabaj-ar	beb-er	viv-ir
(yo)	habré trabajado	habré bebido	habré vivido
(tú)	habrás trabajado	habrás bebido	habrás vivido
(él, ella, usted)	habrá trabajado	habrá bebido	habrá vivido
(nosotros/-as)	habremos trabajado	habremos bebido	habremos vivido
(vosotros/-as)	habréis trabajado	habréis bebido	habréis vivido
(ellos/-as, ustedes)	habrán trabajado	habrán bebido	habrán vivido

6. condicional (Konditional I und II)

6.1 condicional simple (Konditional I)

(a) regelmäßige Verben

	trabaj-ar	beb-er	viv-ir
(yo)	trabajar-ía	beber-ía	vivir-ía
(tú)	trabajar-ías	beber-ías	vivir-ías
(él, ella, usted)	trabajar-ía	beber-ía	vivir-ía
(nosotros/-as)	trabajar-íamos	beber-íamos	vivir-íamos
(vosotros/-as)	trabajar-íais	beber-íais	vivir-íais
(ellos/-as, ustedes)	trabajar-ían	beber-ían	vivir-ían

– Wie beim Futur I ist auch beim Konditional I der Stamm mit dem Infinitiv identisch.
– Die Endungen lauten für alle drei Konjugationsgruppen gleich.

(b) unregelmäßige Verben

Wie beim Futur I ändern einige Verben auch im Konditional I ihren Stamm. Die Endungen bleiben jedoch regelmäßig. Die gängigsten Verben dieser Art sind:

Infinitiv	Konditional-Stamm	Konditional-Form
decir (sagen)	dir-	diría, dirías, diría usw.
haber (haben)	habr-	habría, habrías, habría usw.
hacer (machen)	har-	haría, harías, haría usw.
poder (können)	podr-	podría, podrías, podría usw.

poner (stellen, legen)	pondr-	pondría, pondrías, pondría usw.
querer (wollen)	querr-	querría, querrías, querría usw.
saber (wissen)	sabr-	sabría, sabrías, sabría usw.
salir (ausgehen)	saldr-	saldría, saldrías, saldría usw.
tener (haben)	tendr-	tendría, tendrías, tendría usw.
venir (kommen)	vendr-	vendría, vendrías, vendría usw.

6.2 condicional perfecto (Konditional II)

Das Konditional II wird mit dem Konditional I des Hilfsverbs <u>haber</u> und dem Partizip Perfekt gebildet:

	trabaj-ar	beb-er	viv-ir
(yo)	habría trabajado	habría bebido	habría vivido
(tú)	habrías trabajado	habrías bebido	habrías vivido
(él, ella, usted)	habría trabajado	habría bebido	habría vivido
(nosotros/-as)	habríamos trabajado	habríamos bebido	habríamos vivido
(vosotros/-as)	habríais trabajado	habríais bebido	habríais vivido
(ellos/-as, ustedes)	habrían trabajado	habrían bebido	habrían vivido

7. subjuntivo presente (spanischer Konjunktiv Präsens)

Wie im Indikativ Präsens werden die spanischen Verben auch im <u>subjuntivo</u> in drei Konjugationsgruppen eingeteilt:

	trabaj-ar	beb-er	viv-ir
(yo)	trabaj-e	beb-a	viv-a
(tú)	trabaj-es	beb-as	viv-as
(él, ella, usted)	trabaj-e	beb-a	viv-a
(nosotros/-as)	trabaj-emos	beb-amos	viv-amos
(vosotros/-as)	trabaj-éis	beb-áis	viv-áis
(ellos/-as, ustedes)	trabaj-en	beb-an	viv-an

- Die regelmäßigen Formen des <u>subjuntivo presente</u> werden von der 1. Person Singular des Indikativ Präsens abgeleitet. Insofern ist auch eine Form wie z. B. <u>ponga</u> (ich/er/sie möge stellen), <u>digamos</u> (wir mögen gehen) oder <u>conozca</u> (ich/er/sie möge kennen) als regelmäßig zu betrachten, denn die 1. Person Indikativ Präsens lautet hier <u>pongo</u>, <u>digo</u> und <u>conozco</u>.
- Die Endungen der Verben auf -er und -ir sind identisch.
- Die Betonung liegt bei den Singularformen und der 3. Plural auf dem Stamm und bei der 1. und 2. Person Plural auf der Endung.

7.1 Verben mit Stammvokaländerung

(a) Wie im Indikativ Präsens diphthongiert auch im <u>subjuntivo presente</u> bei einer Reihe von Verben in den stammbetonten Formen der Stammvokal. Zusätzlich wird in den endungsbetonten Formen (nosotros, vosotros) bei den Verben auf -ir das e zu i bzw. das o zu u:

Gruppe	Verben auf		
	-ar	pensar (denken)	piense, pienses, piense, pensemos, penséis, piensen
e → ie	-er	entender (verstehen)	entienda, entiendas, entienda, entendamos, entendáis, entiendan
	-ir	preferir (bitten)	prefiera, prefieras, prefiera, prefiramos, prefiráis, prefieran
o → ue	-ar	contar (zählen)	cuente, cuentes, cuente, contemos, contéis, cuenten
	-er	poder (können)	pueda, puedas, pueda, podamos, podáis, puedan
	-ir	dormir (schlafen)	duerma, duermas, duerma, durmamos, durmáis, duerman

(b) Die Verben auf -ir, die im Indikativ Präsens den betonten Stammvokal zu i ändern, weisen diese Unregelmäßigkeit im <u>subjuntivo presente</u> auch bei den endungsbetonten Formen (1. und 2. Person Plural) auf:
pedir (bitten): pida, pidas, pida, pidamos, pidáis, pidan.

7.2 unregelmäßige Verben

Folgende Verben haben für den <u>subjuntivo</u> eine eigene Form:

caber (passen)	quepa, quepas, quepa, quepamos, quepáis, quepan
dar (geben)	dé, des, dé, demos, deis, den

estar (sein)	esté, estés, esté, estemos, estéis, estén
haber (haben)	haya, hayas, haya, hayamos, hayáis, hayan
ir (gehen)	vaya, vayas, vaya, vayamos, vayáis, vayan
saber (wissen)	sepa, sepas, sepa, sepamos, sepáis, sepan
ser (sein)	sea, seas, sea, seamos, seáis, sean

7.3 orthographische Besonderheiten

Einige Verben weisen orthographische Besonderheiten auf, die mit der Aussprache der jeweiligen Verbform zusammenhängen.

(a) Verben auf -ger und -gir ändern das g zu j:

proteger (schützen)	proteja, protejas, proteja, protejamos, protejáis, protejan
dirigir (leiten)	dirija, dirijas, dirija, dirijamos, dirijáis, dirijan

(b) Bei Verben auf -guir entfällt das u nach dem g:

seguir (folgen)	siga, sigas, siga, sigamos, sigáis, sigan
distinguir (kennzeichnen; erkennen)	distinga, distingas, distinga, distingamos, distingáis, distingan

(c) Verben auf -uir ändern in allen Personen das i zu y:
   construir (bauen)   construya, construyas, construya,
                       construyamos, construyáis, construyan
   huir (fliehen)   huya, huyas, huya,
                       huyamos, huyáis, huyan

(d) Bei Verben auf -iar und -uar trägt das i bzw. das u einen Akzent, wenn die Betonung auf den Stamm fällt, d. h. in allen Personen außer der 1. Person Plural:
   enviar (schicken)   envíe, envíes, envíe,
                       enviemos, enviéis, envíen
   actuar (handeln)   actúe, actúes, actúe,
                       actuemos, actuéis, actúen

8. subjuntivo imperfecto
(spanischer Konjunktiv Imperfekt)

(a) regelmäßige Verben

	habl-ar	beb-er	viv-ir
(yo)	habl-ara/ habl-ase	beb-iera/ beb-iese	viv-iera/ viv-iese
(tú)	habl-aras/ habl-ases	beb-ieras/ beb-ieses	vivieras/ viv-ieses
(él, ella, usted)	habl-ara/ habl-ase	beb-iera/ beb-iese	viv-iera/ viv-iese
(nosotros/-as)	habl-áramos/ habl-ásemos	beb-iéramos/ beb-iésemos	viv-iéramos/ viv-iésemos
(vosotros/-as)	habl-arais/ habl-aseis	beb-ierais/ beb-ieseis	viv-ierais/ viv-ieseis
(ellos/-as, ustedes)	habl-aran/ habl-asen	beb-ieran/ beb-iesen	viv-ieran/ viv-iesen

- Die Endungen des subjuntivo imperfecto werden an den Infinitivstamm des Verbs angehängt.
- In der 1. Person Plural wird ein Akzent gesetzt.
- Die Endungsvarianten (-ara/-ase, -iera/-iese usw.) sind in den meisten Fällen austauschbar. Im allgemeinen lässt sich sagen, dass -ase, -iese eher in der gesprochenen Sprache verwendet werden, während -ara, -iera v. a. in der Schriftsprache zu finden sind.

(b) unregelmäßige Verben

Die meisten Verben, die im subjuntivo imperfecto unregelmäßig sind, bilden die Formen, indem sie die Endungen des subjuntivo imperfecto statt an den Infinitivstamm an den Stamm des <u>indefinido</u> anhängen. Dabei entfällt bei einigen Verben das i von -<u>iera</u>, -<u>ieras</u> usw. <u>Estar</u> erhält die Endung -<u>iera</u>/-<u>iese</u> und nicht -<u>ara</u>/-<u>ase</u>, obwohl es auf -<u>ar</u> endet:

Infinitiv	**<u>indefinido</u>-Stamm**	**Form des <u>subjuntivo</u> <u>imperfecto</u>**
estar (sein)	estuv-	estuviera/estuviese, estuvieras/estuvieses usw.
dar (geben)	di-	diera/diese, dieras/dieses usw.
decir (sagen)	dij-	dijera/dijese, dijeras/dijeses usw.
hacer (machen)	hic-	hiciera/hiciese, hicieras/hicieses usw.
ir/ser (gehen/sein)	fu-	fuera/fuese, fueras/fueses usw.
poder (können)	pud-	pudiera/pudiese, pudieras/pudieses usw.
poner (stellen, legen)	pus-	pusiera/pusiese, pusieras/pusieses usw.
querer (wollen)	quis-	quisiera/quisiese, quisieras/quisieses usw.
tener (haben)	tuv-	tuviera/tuviese, tuvieras/tuvieses usw.
traer (bringen)	traj-	trajera/trajese, trajeras/trajeses usw.
venir (kommen)	vin-	viniera/viniese, vinieras/vinieses usw.
ver (sehen)	vi-	viera/viese, vieras/vieses usw.

9. zusammengesetzte Zeiten der Vergangenheit (spanischer Konjunktiv)

9.1 subjuntivo perfecto (spanischer Konjunktiv Perfekt)

Der subjuntivo perfecto wird mit dem subjuntivo presente des Hilfsverbs haber und dem Partizip Perfekt gebildet:

	trabaj-ar	com-er	viv-ir
(yo)	haya trabajado	haya comido	haya vivido
(tú)	hayas trabajado	hayas comido	hayas vivido
(él, ella, usted)	haya trabajado	haya comido	haya vivido
(nosotros/-as)	hayamos trabajado	hayamos comido	hayamos vivido
(vosotros/-as)	hayáis trabajado	hayáis comido	hayáis vivido
(ellos/-as, ustedes)	hayan trabajado	hayan comido	hayan vivido

9.2 subjuntivo pluscuamperfecto (spanischer Konjunktiv Plusquamperfekt)

Der subjuntivo pluscuamperfecto wird mit dem subjuntivo imperfecto des Hilfsverbs haber und dem Partizip Perfekt gebildet:

	trabaj-ar	com-er	viv-ir
(yo)	hubiera/hubiese trabajado	hubiera/hubiese comido	hubiera/hubiese vivido
(tú)	hubieras/hubieses trabajado	hubieras/hubieses comido	hubieras/hubieses vivido
(él, ella, usted)	hubiera/hubiese trabajado	hubiera/hubiese comido	hubiera/hubiese vivido

(nosotros/-as)	hubiéramos/ hubiésemos trabajado	hubiéramos/ hubiésemos comido	hubiéramos/ hubiésemos vivido
(vosotros/-as)	hubierais/ hubieseis trabajado	hubierais/ hubieseis comido	hubierais/ hubieseis vivido
(ellos/-as, ustedes)	hubieran/ hubiesen trabajado	hubieran/ hubiesen comido	hubieran/ hubiesen vivido

10. imperativo (Imperativ)

10.1 bejahter Imperativ

(a) regelmäßige Verben

	habl-ar	com-er	viv-ir
(tú)	habl-a	com-e	viv-e
(usted)	habl-e	com-a	viv-a
(nosotros/-as)	habl-emos	com-amos	viv-amos
(vosotros/-as)	habl-ad	com-ed	viv-id
(ustedes)	habl-en	com-an	viv-an

- Die bejahte Imperativform der 2. Person Singular (tú) entspricht der Präsensform der 3. Person Singular, so kann z. B. <u>habla</u> »er/sie spricht« bzw. »Sie sprechen« oder aber »sprich« bedeuten.
- Für die Formen des bejahten Imperativs der 2. Person Plural wird bei allen drei Verbgruppen das <u>-r</u> des Infinitivs durch <u>-d</u> ersetzt: cantar – cantad (singt); comer – comed (esst); escribir – escribid (schreibt). Diese Imperativform hat keine Unregelmäßigkeiten und wird nur in Spanien verwendet. ▶ A II
- Die bejahten Imperativformen von <u>usted</u>, <u>ustedes</u> und <u>nosotros/-as</u> sind mit dem <u>subjuntivo presente</u> identisch.
- Die Verben, die im Präsens den Stammvokal ändern (<u>e</u> → <u>ie</u>, <u>o</u> → <u>ue</u> oder <u>e</u> → <u>i</u>), weisen diese Änderung auch im Imperativ auf:

	pensar	volver	repetir
(tú)	piensa	vuelve	repite
(usted)	piense	vuelva	repita
(nosotros/-as)	pensemos	volvamos	repitamos

(vosotros/-as)	pensad	volved	repetid
(ustedes)	piensen	vuelvan	repitan

(b) unregelmäßige Verben
- Folgende Verben haben eine unregelmäßige, verkürzte Form für die 2. Person Singular. Alle anderen Formen werden regelmäßig gebildet:

decir (sagen)	<u>di</u>	salir (ausgehen)	<u>sal</u>
hacer (machen)	<u>haz</u>	ser (sein)	<u>sé</u>
ir (gehen)	<u>ve</u>	tener (haben)	<u>ten</u>
poner (stellen, legen)	<u>pon</u>	venir (kommen)	<u>ven</u>

10.2 verneinter Imperativ

	habl-ar	com-er	escrib-ir
(tú)	no habl-es	no com-as	no escrib-as
(usted)	no habl-e	no com-a	no escrib-a
(nosotros/-as)	no habl-emos	no com-amos	no escrib-amos
(vosotros/-as)	no habl-éis	no com-áis	no escrib-áis
(ustedes)	no habl-en	no com-an	no escrib-an

- Alle Formen des verneinten Imperativs sind mit den entsprechenden Formen des <u>subjuntivo presente</u> identisch. Das gilt auch für die unregelmäßigen Verben: No volváis tarde. (Kommt nicht zu spät zurück.) No digas mentiras. (Lüg nicht.)

11. hay und estar

En mi barrio hay una piscina cubierta. (In meinem Viertel gibt es ein Hallenbad.) La piscina cubierta está en la calle Miguel Hernández. (Das Hallenbad ist in der calle Miguel Hernández.)
- Ganz allgemein gesagt werden hay und estar verwendet, um die Anwesenheit von Personen oder Gegenständen zu beschreiben, beide lassen sich mit »sein« übersetzen.
- hay ist die unpersönliche Form (3. Person Singular) des Verbs haber (haben) und kann je nach Kontext auch mit »es gibt« wiedergegeben werden. Hay steht oft mit dem unbestimmten Artikel, ganz ohne Artikel oder mit Zahlen: En el centro hay una plaza muy grande. (Im Zentrum gibt es einen sehr großen Platz.) En el parque hay gente que está paseando con sus perros. (Im Park gibt es Leute, die mit ihren Hunden spazieren gehen.) En la nevera hay dos botellas de agua. (Im Kühlschrank gibt es / sind zwei Flaschen Wasser.)
- estar gibt häufig den Standort von Personen oder Gegenständen an und kann dann auch mit »sich befinden«, »stehen« oder »liegen« wiedergegeben werden. Estar steht mit dem bestimmten Artikel, mit Eigennamen, Personalpronomen oder Possessivpronomen, d.h. es wird bei bestimmten, genauer definierten Angaben verwendet: El libro está en la mesa. (Das Buch liegt/ist auf dem Tisch.) Luisa y Miguel están en la iglesia. (Luisa und Miguel befinden sich / sind in der Kirche.) Mi coche está en el garaje. (Mein Auto befindet sich/ist in der Garage.)

12. ser (sein)

Soy Carmen. (Ich bin Carmen.) Mi hermano es profesor de matemáticas. (Mein Bruder ist Mathematiklehrer.) ¿Qué hora es? (Wie spät ist es?)

- ser hat im wesentlichen folgende Funktionen:
- Es dient zur Identifizierung einer Person oder Sache und benennt die Zugehörigkeit zu einer Gruppe (z. B. Nationalität oder Religion): ¿Quién es? (Wer ist da?) Soy alemán. (Ich bin Deutscher.) Carlos es protestante. (Carlos ist evangelisch.)
- Es gibt die Uhrzeit, den Tag oder das Datum an: Son las tres y media de la tarde. (Es ist 15:30 Uhr.) Mañana es martes. (Morgen ist Dienstag.) Hoy es el 10 de junio. (Heute ist der 10. Juni.)
- ser dient zusammen mit der Präposition de zur Angabe der Herkunft, des Stoffes oder des Besitzes: Henry es de Nueva York. (Henry kommt aus New York.) Los platos son de plástico. (Die Teller sind aus Plastik.) Este abrigo es de Gabriela. (Dieser Mantel gehört Gabriela.)
- Bei der Beschreibung von Ereignissen hat ser die Bedeutung »stattfinden«, »sich ereignen«: El accidente fue en verano. (Der Unfall ereignete sich im Sommer.) La clase de español es en el aula 10. (Der Spanischunterricht findet in Raum 10 statt.)

13. estar (sein, sich befinden)

¿Dónde están los niños? (Wo sind die Kinder?) Hola, ¿Cómo estás? (Hallo, wie geht's?)

- estar hat im wesentlichen folgende Funktionen:
- Es gibt zusammen mit Ortsangaben den Standort an: Estoy en la cocina. (Ich bin in der Küche.) Oslo está en el norte de Europa. (Oslo befindet sich / liegt im Norden Europas.)
- Es beschreibt den Gemütszustand oder den Gesundheitszustand: Estoy bien. (Mir geht es gut.) Estoy triste. (Ich bin traurig.) La niña está enferma. (Das Mädchen ist krank.)
- estar dient zusammen mit der Präposition a zur Angabe des Preises und der Entfernung: Las mandarinas están a 2 euros el kilo. (Die Mandarinen kosten 2 Euro pro Kilo.) Colonia está a unos 200 kilómetros de Fráncfort. (Köln liegt etwa 200 Kilometer von Frankfurt entfernt.)
- estar kann zusammen mit der Präposition a ein Datum angeben: Hoy estamos a 10 de junio.

14. ser oder estar + Adjektiv

Um eine Person oder Sache zu beschreiben, verwendet man Adjektive (Eigenschaftswörter). Adjektive können grundsätzlich sowohl mit ser als auch mit estar verbunden werden. Welches der beiden Verben im konkreten Fall eingesetzt wird, hängt v.a. davon ab, ob die beschriebene Eigenschaft von Dauer oder nur vorübergehend ist.

(a) Eine dauerhafte, wesentliche Eigenschaft wird in der Regel mit ser ausgedrückt: Mi casa es muy soleada. (Meine Wohnung ist sehr hell.) Martina es bastante tímida. (Martina ist ziemlich schüchtern.)

(b) Eine vorübergehende Eigenschaft, d. h. ein momentaner körperlicher oder seelischer Zustand, wird mit estar beschrieben: La puerta está abierta. (Die Tür ist [im Moment] offen.) Alberto está muy nervioso. (Alberto ist jetzt sehr nervös.) Estoy triste. (Ich bin traurig.)

(c) Einige Adjektive ändern ihre Bedeutung, je nachdem mit welchem der beiden Verben sie verwendet werden. Hier ein paar Beispiele:

ser rico	reich sein	estar rico	lecker sein, schmecken
ser listo	klug sein	estar listo	bereit sein
ser atento	höflich sein	estar atento	aufmerksam sein
ser despierto	aufgeweckt sein	estar despierto	wach sein
ser aburrido	langweilig sein	estar aburrido	gelangweilt sein
ser callado	schweigsam sein	estar callado	schweigen

ser cansado	anstrengend sein	estar cansado	müde sein
ser verde	grün sein	estar verde	unreif sein
ser vivo	schlau, frech, lebhaft sein	estar vivo	am Leben sein, leben
ser ciego	blind sein	estar ciego	verblendet sein

15. »werden« im Spanischen

Im Spanischen gibt es keine einheitliche Entsprechung für das deutsche Verb »werden«, das eine Entwicklung, die Veränderung eines Zustands oder einer Eigenschaft ausdrückt. Vielmehr verfügt das Spanische über eine Reihe von Umschreibungsmöglichkeiten. Hier die gängigsten:

(a) <u>convertirse en</u> drückt das Ergebnis einer Wesensänderung aus: Su hermano se convirtió en un gran músico. (Sein Bruder wurde ein großer Musiker.)

(b) <u>hacerse</u> beschreibt eine freiwillige oder natürliche Veränderung: José Manuel se hizo vegetariano. (José Manuel wurde Vegetarier.) Mi madre se ha hecho mayor. (Meine Mutter ist alt geworden.)

(c) <u>llegar a ser</u> drückt eine langsame, oft mühsame Entwicklung aus: Su abuela llegó a ser la directora de nuestra escuela. (Seine Großmutter wurde [schließlich] Leiterin unserer Schule.)

(d) <u>ponerse</u> wird nur mit Adjektiven verwendet und bezeichnet eine vorübergehende Veränderung der Gemütsverfassung oder des Aussehens: Me he puesto furioso. (Ich bin wütend geworden.) Marta se puso roja. (Marta wurde rot.)

(e) <u>quedarse</u> drückt die Änderung eines Zustands aus, wobei der neue Zustand endgültig oder vorübergehend sein kann: Beethoven se quedó sordo. (Beethoven wurde taub.) Se quedó sola. (Sie blieb allein zurück.) Nos quedamos muy decepcionados. (Wir waren sehr enttäuscht.)

(f) <u>volverse</u> bezeichnet eine entscheidende, oft endgültige Wesensänderung: Desde que ganó en la lotería, Laura se ha vuelto perezosa. (Seit sie im Lotto gewonnen hat, ist Laura faul geworden.) Al morir su mujer, el pobre hombre se volvió loco. (Als seine Frau starb, ist der arme Mann verrückt geworden.)

(g) Das Spanische verfügt außerdem über eine Reihe spezieller Verben, die dem deutschen »werden + Adjektiv« entsprechen, z. B.:
- einige reflexive Verben: enfermarse (krank werden), enfadarse (wütend werden), cansarse (müde werden)
- einige Verben auf -cer: enloquecer (verrückt werden), enrojecer (rot werden), envejecer (alt werden).

Anhang II

Hispanoamerikanisches Spanisch

Das Spanisch der hispanoamerikanischen Länder weist einige Merkmale auf, die es vom europäischen Spanisch unterscheiden. Allgemein lässt sich sagen, dass die Unterschiede zum Spanisch der Kanarischen Inseln geringer sind als zu dem der Iberischen Halbinsel. Im Anhang II werden die wichtigsten Merkmale besprochen.

Inhaltsübersicht

1. Die Aussprache
2. ustedes statt vosotros
3. vos statt tú

1. Die Aussprache

In Hispanoamerika, in Teilen Andalusiens und auf den Kanarischen Inseln wird ein c vor e und i sowie ein z vor Vokal immer als [s], d. h. als »scharfes s«, gesprochen und nicht als [θ] wie das englische »th«:

	Spanien (mit Ausnahmen)	Hispanoamerika
cereza (Kirsche)	[θereθa]	[seresa]
paciencia (Geduld)	[paθjenθja]	[pasjensja]
Venezuela	[beneθwela]	[beneswela]

2. ustedes statt vosotros

In allen hispanoamerikanischen Ländern, in Teilen Andalusiens und auf den Kanarischen Inseln wird für die 2. Person Plural nicht vosotros/-as, sondern ustedes verwendet. Das Verb steht dabei in der 3. Person Plural: ¿Por qué no vienen ustedes también? (Warum kommt ihr nicht auch?)

- ustedes kann somit, je nach Kontext, zum Duzen (ihr) oder zum Siezen (Sie, mehrere Personen) verwendet werden: No vamos a ir a la fiesta. – Ustedes no quieren salir nunca. (Wir werden nicht zum Fest kommen. – Ihr wollt nie ausgehen. / Sie wollen nie ausgehen.)
- Auch der Imperativ der 2. Person Plural lautet darum nicht cantad, comed oder escribid, sondern (ustedes) canten, coman, escriban.
- Analog dazu wird für »euer/eure« nicht der Possessivbegleiter vuestro/-a, sondern su (3. Person Plural) verwendet: Aquí está su maleta. (Hier ist euer Koffer.)

3. vos statt tú

In vielen hispanoamerikanischen Ländern wird für die 2. Person Singular anstelle des Personalpronomens tú vos gebraucht. In Mittelamerika (außer der Karibik, Mexiko und Panama) sowie in der La-Plata-Region (Argentinien, Uruguay und Paraguay) wird fast ausschließlich vos verwendet. In Kolumbien, Venezuela, Bolivien und Chile kommt sowohl tú als auch vos vor. Die mit vos verbundenen Verbformen werden von der 2. Person Plural (vosotros) abgeleitet. Bei den Verben auf -ar und -er fällt das i weg und bei den Verben auf -ir sind die Formen identisch:

cantar	vos cantás	du singst
beber	vos bebés	du trinkst
escribir	vos escribís	du schreibst
empezar	vos empezás	du beginnst
entender	vos entendés	du verstehst
dormir	vos dormís	du schläfst

Es gibt auch eigene Imperativformen für die 2. Person Singular vos. Hier einige Beispiele:

cantar	cantá
beber	bebé
escribir	escribí
empezar	empezá
entender	entendé
dormir	dormí
decir	decí
salir	salí
venir	vení

Anhang III

Übersetzungskurztests

Hinweis

Den Sätzen in den Kurztests sind zahlreiche Übersetzungshilfen beigegeben worden, die sicherstellen sollen, (a) dass die Aufmerksamkeit primär auf die jeweils zu überprüfenden grammatischen Themen konzentriert werden kann, (b) dass auch weniger Fortgeschrittene die Übersetzungsaufgaben erfolgreich lösen können.

a KT 1

Lösungen ▶ A IV KT 1/L
1. Ich möchte in die Bibliothek gehen (quiero ir).
2. Wir gehen nach Hause.
3. Der Spanischunterricht beginnt um 18:00 Uhr (empezar).
4. Die Apotheke ist 300 Meter entfernt (estar, la farmacia).
5. Mein Bruder wird Jura studieren (Derecho).
6. Gestern habe ich Ana im Kino getroffen.

Adjektiv KT 2

Lösungen ▶ A IV, KT 2/L
1. Mein Zimmer ist klein, aber bequem (cómodo).
2. Luísa ist ein glückliches Kind.
3. Mein Bruder hat ein sehr großes Haus mit einem schönen Garten, in dem (en el que) hohe Bäume stehen (hay).
4. Ich habe diese weißen Rosen im roten Blumenladen (la floristería) gekauft.
5. Das ist ein gutes Buch. Es ist das erste Buch, das du von

diesem berühmten (famoso) Autor lesen solltest (deberías).
6. Carlos ist ein großartiger (grande) Mann.

Adverb KT 3

Lösungen ▶ A IV, KT 3/L
1. Sie sind (estar) glücklich verheiratet (casados).
2. Die Teilnehmerin (la participante) bat (pedir) höflich (Adjektiv: cortés) um das Wort.
3. Das Auto ist ganz in der Nähe.
4. Früher haben die Leute keinen Fernseher (televisor) gehabt; jetzt haben sie mindestens (como mínimo) einen zu Hause.
5. Das hast du sehr gut gemacht (hecho).
6. Normalerweise gehe ich einmal im Monat zur Physiotherapeutin (la fisioterapeuta).
7. Ich bin (estar) heute ziemlich aufgeregt (nervioso).

antes de + Infinitiv / antes de que + subjuntivo KT 4

Lösungen ▶ A IV, KT 4/L
1. Er hat die Pflanzen gegossen (regar), bevor er in den Urlaub gefahren ist (irse de vacaciones).
2. Bevor ich gegangen bin (salir), habe ich meine Eltern (padres) angerufen.
3. Hilf mir bitte (ayúdame) mit diesem Bericht (informe), bevor ich essen gehe (ir a comer).

Artikel KT 5

Lösungen ▸ A IV, KT 5/L

1. Übersetzen Sie die Wörter und bilden Sie jeweils die Pluralform:
   a) die Wiese (prado), das Bett
   b) eine Farbe, eine Person
   c) das Wasser, die Freundin
2. Übersetzen Sie folgende Sätze:
   a) Das Schöne an (de) diesem Ort ist die Stille (silencio).
   b) Ich gehe auf einen Spaziergang (a dar un paseo) in den Park.
   c) Wir sind erst sehr spät aus dem Museum gekommen.

aunque KT 6

Lösungen ▸ A IV, KT 6/L

1. Obwohl ich bei der Prüfung durchgefallen bin (suspender el examen), werde ich das Studium nicht aufgeben (dejar la carrera).
2. Sie wollen das Haus kaufen, selbst wenn sie einen hohen Kredit (un crédito caro) aufnehmen (pedir) müssen.

como KT 7

Lösungen ▸ A IV, KT 7/L

Abfolge von Haupt- und Nebensatz bitte so lassen wie vorgegeben.

1. Da mein Freund krank (estar enfermo) war, konnten wir gestern nicht ins Theater gehen.
2. Heute ist Juana später zur Arbeit gekommen, weil die

U-Bahn einen Unfall hatte (había, von »haber«; un accidente de metro).
3. Da du mir nicht die Wahrheit sagst, werde ich mit deinen Eltern sprechen müssen (tendré que hablar).
4. Wir haben Spaghetti mit Tomatensoße (espaguetis con salsa de tomate) gekocht, weil wir keinen Reis mehr für eine Paella hatten.

conmigo, contigo, consigo KT 8

Lösungen ▸ A IV, KT 8/L
1. Sie spricht wieder einmal (otra vez) mit sich selbst (misma).
2. Wenn du willst, kannst du mit mir nach Hause fahren (ir).
3. Ich möchte diese Arbeit nur mit dir machen.

cuando KT 9

Lösungen ▸ A IV, KT 9/L
1. Immer wenn sie von der Arbeit kommt, schreibt Elena in ihrem Blog über das Stricken (hacer punto).
2. Sag mir Bescheid (avísame), wenn du mehr (algo más) von Mario weißt.
3. Der Hund bellte (ladrar) wie verrückt (como loco), wenn sich jemand dem Haus näherte (acercarse).
4. Wenn Sofía anruft, sag ihr, dass ich mit ihr sprechen möchte.

de KT 10

Lösungen ▶ A IV, KT 10/L
1. Dieser Mantel gehört Jorge.
2. Ich komme (bin) aus Österreich (Austria).
3. Er kommt aus der Schule.
4. Dieser Stuhl ist aus Holz (madera).

desde KT 11

Lösungen ▶ A IV, KT 11/L
1. Seit letztem Monat kann ich kaum noch (apenas) schlafen.
2. Von hier aus kann man die Musiker spielen (tocando) sehen.

desde hace KT 12

Lösungen ▶ A IV, KT 12/L
1. Die Brüder sprechen seit Jahren nicht mehr mit ihren Eltern (los padres).
2. Seit einem Monat esse ich kein Fleisch (carne) mehr.
3. Sie sind seit zehn Jahren verheiratet (estar casado).

después de + Infinitiv / después de que [+ subjuntivo] KT 13

Lösungen ▶ A IV, KT 13/L
1. Nachdem er gegessen hatte, legte er sich für (durante) ein paar Minuten hin (acostarse).

2. Sie gingen ins Kino, nachdem der Babysitter (la canguro) gekommen war.
3. Wir können dir helfen, wenn/nachdem wir unsere Arbeit erledigt haben (terminar).
4. Nachdem seine Frau gestorben war, heiratete er nicht wieder (volverse a casar).

en KT 14

Lösungen ▸ A IV, KT 14/L
1. Herr Solana ist in seinem Büro (despacho).
2. Lass das Auto auf dem Parkplatz (el parking).
3. Wir sehen uns in drei Tagen am Flughafen.
4. Ich fahre immer mit der U-Bahn zur Arbeit (al trabajo).
5. Wir fahren lieber (nos gusta más) mit dem Zug als mit dem Auto.

este, ese, aquel KT 15

Lösungen ▸ A IV, KT 15/L
1. An dem Tag konnte ich nicht zur Arbeit gehen.
2. Siehst du diesen Jungen dort neben dem Baum?
3. Jenes Fest damals vor zehn Jahren (de hace diez años) werde ich nie vergessen.
4. Wer ist das hier? – Ricardo, mein Geschäftspartner (el socio). Und der Herr da? – Unser neuer Kunde.
5. Diese Zeitschrift (la revista) [hier] ist (estar) nur für Männer gedacht.

estar KT 16

Lösungen ▶ A IV, KT 16/L
1. Wie geht es dir?
2. Ich weiß nicht, wo meine Brieftasche ist.
3. Die Oper ist im Stadtzentrum.
4. Raquel ist sehr nervös, weil sie morgen eine Prüfung (examen) hat.

Fragewörter KT 17

Lösungen ▶ A IV, KT 17/L
Formulieren Sie bitte jeweils die direkte und die indirekte Frage, z.B.: Wer hat angerufen? – ¿Quién ha llamado? – Pregunta quién ha llamado.
1. Was machen wir am Wochenende?
2. Wie willst du das Problem lösen?
3. Wann hat Julia Geburtstag (cumplir años)?
4. Welches der beiden Hemden gefällt dir besser (más)?
5. Wie viele Leute (gente, Singular) sind gekommen?
6. Wo haben wir das Auto geparkt (aparcar)?
7. Wen hast du zu deinem Geburtstag eingeladen?

gerundio KT 18

Lösungen ▶ A IV, KT 18/L
1. María kann nicht ans Telefon (ponerse al teléfono) kommen, weil sie (gerade) schläft.
2. Er sagte es lächelnd.
3. Warte mal, ich bin noch »beim Kochen«.
4. Ich warte schon eine Stunde.

hace KT 19

Lösungen ▸ A IV, KT 19/L
1. Ihr Sohn ist vor drei Jahren gestorben.
2. Sie hat vor fünf Minuten angerufen.
3. Vor einer Woche wollte sie den Ausflug (la excursión) mit uns machen, jetzt will sie nicht mehr.

hasta, hasta que KT 20

Lösungen ▸ A IV, KT 20/L
1. Sie ging bis zur Tür und öffnete sie.
2. Er hat bis nächste Woche Urlaub.
3. Wir blieben (quedarse) im Restaurant, bis es aufhörte zu regnen (dejar de llover).
4. Braten (fría, von »freír«) Sie die Zwiebel (la cebolla), bis sie goldfarben ist (estar dorado).

hay, hay que KT 21

Lösungen ▸ A IV, KT 21/L
1. In meiner Stadt gibt es nur eine Apotheke.
2. Früher gab es weniger Autounfälle (accidentes de coche).
3. Wenn man (uno) im Leben etwas erreichen (conseguir) will, muss man viel lernen und arbeiten.
4. Man sollte vor Kindern nicht rauchen.
5. Man muss dieses Haus renovieren (renovar).

Indefinitpronomen KT 22

Lösungen ▸ A IV, KT 22/L
1. Da ist / Es gibt nichts mehr im Kühlschrank (la nevera).
2. Niemand will sich mit dem Thema befassen (tratar).
3. Alle wollten den Kinostar (la estrella de cine) sehen.
4. Es muss irgendein Heilmittel (el remedio) für diese Krankheit geben (haber).
5. Sag mir alles, was (lo que) du weißt.
6. Einige Eier sind schon verdorben (estar podrido).
7. Sie hat wenig Lust (las ganas) zu arbeiten.
8. Wir sehen uns jeden Donnerstag.

Indirekte Frage KT 23

Lösungen ▸ A IV, KT 23/L
Bitte übersetzen Sie die Sätze und formulieren Sie dann die indirekten Fragen.
1. Sie hat mich gefragt (pretérito perfecto): »Hast du eine Zigarette (el cigarrillo)?«
2. Ich wollte wissen: »Sind deine Eltern einverstanden?«
3. Paco fragte: »Wo hatte er das Auto gekauft?«
4. Mein Vater wollte wissen: »Wann sind sie angekommen (pretérito perfecto)?«

Indirekte Rede KT 23a

Lösungen ▸ A IV, KT 23a/L
Bitte übersetzen Sie die Sätze und formulieren Sie dann die indirekte Rede.
1. Sie hat gesagt (pretérito perfecto): »Ich bin krank.«

2. Er versicherte uns: »Ich habe viel gearbeitet.«
3. Pedro erklärte mir: »Ich konnte nicht früher kommen wegen des Staus (el atasco) in der Stadt.«
4. Deine Mutter sagt: »Komm (ir) in die Küche.«
5. Ich dachte: »Carmen wird nicht anrufen.«

Infinitiv KT 24

Lösungen ▸ A IV, KT 24/L
1. Schwimmen gefällt mir sehr.
2. Meine Eltern erlauben mir, spät nach Hause zu kommen (volver a casa).
3. Sie will sich ein neues Auto kaufen.
4. Er hat angefangen, Yoga zu machen.
5. Er will wieder Spanisch lernen.
6. Ruf mich an (llámame), bevor (antes de) du nach Madrid fährst.

Kommasetzung KT 25

Lösungen ▸ A IV, KT 25/L
1. Wenn wir um 8:00 Uhr losfahren (irse), kommen wir mittags (a mediodía) an.
2. Ich werde zur Party gehen, wenn ich nicht krank bin (estar enfermo).
3. Meine Nachbarin, die immer einen Hut aufhat (llevar un sombrero), geht heute in Rente (jubilarse).
4. Der Mann, der auf der Bank saß (estar sentado), begrüßte mich (saludar).
5. Übrigens kann (saber) Javier sehr gut singen.

Konjunktionen KT 26

Lösungen ▸ A IV, KT 26/L

1. Mónica isst gerne (A Mónica le gusta) Fisch, aber jetzt will sie nichts mehr essen, weil sie satt (estar lleno) ist.
2. Wir müssen nicht nach links (hacia la izquierda) gehen, sondern geradeaus (todo recto).
3. Ich bin schon satt, trotzdem werde ich mir einen Nachtisch (el postre) bestellen (pedir).
4. Wir werden mit dem Auto fahren, weil es schon spät ist.
5. Simón und Laura erwarten (esperar) ihr zweites Kind (el hijo) und deshalb verbringen sie den Urlaub zu Hause (en casa).

Mengenangaben KT 27

Lösungen ▸ A IV, KT 27/L

1. Kauf (Cómprame) bitte ein halbes Kilo Garnelen (gambas) und ein Kilo Miesmuscheln (mejillones).
2. Man soll (Hay que) 300 Gramm Mehl (harina) für den Apfelkuchen verwenden.
3. In dieser Flasche ist (hay) ein Liter Olivenöl (aceite de oliva).
4. Geben Sie mir bitte (Póngame) ¼ Kilo Serrano-Schinken.

mientras, mientras que KT 28

Lösungen ▸ A IV, KT 28/L

1. Während du das Abendessen kochst, kann ich den Tisch decken (poner la mesa).

2. Ihr könnt euch keine eigene (propio) Wohnung leisten (permitirse), solange ihr beide (los dos) befristet angestellt seid (tener trabajo temporal).
3. Wir bleiben hier, solange du willst.
4. Gestern abend hat Frank in seinem Blog geschrieben, während ich noch abgespült habe (fregar los platos).
5. Gestern hatte ich viel Hunger, während ich heute kaum etwas (casi nada) essen kann.

muy/mucho KT 29

Lösungen ▸ A IV, KT 29/L
1. Ich kann (saber) sehr gut nähen (coser).
2. Meine Mutter hat viele Bücher in ihrer Bibliothek.
3. Kamen viele Gäste (los invitados) zur Taufe (el bautizo)?
4. Ich habe viele Blumen für den Balkon gekauft.
5. Ich vermisse (echar de menos) dich sehr.
6. Dieses Haus ist sehr alt (antiguo).

otro/otra KT 30

Lösungen ▸ A IV, KT 30/L
1. Ich möchte (quería) noch ein Bier, bitte.
2. Du hast einen anderen Geschmack (el gusto) als ich.
3. Alejandro will ein anderes Buch von diesem Autor lesen.
4. Sie hat den Urlaub anders in Erinnerung (tener recuerdos de) als ihr Mann.
5. Einige (unos) Jungen spielen im Garten, andere im Haus.

para, para que KT 31

Lösungen ▸ A IV, KT 31/L

1. Dieses Geschenk (el regalo) ist für ihn.
2. Ich lerne Spanisch, um mit meinen spanischen Kunden sprechen zu können.
3. Ihre Eltern haben sie in einem Englisch-Camp angemeldet (apuntar en unas colonias de inglés), damit sie ihre Sprachkenntnisse verbessert (mejorar sus conocimientos del idioma).
4. Er hat eine Kur (el tratamiento médico) begonnen, um ein paar Kilo abzunehmen.
5. Pablo hat Luisa Geld gegeben, damit sie die Getränke (las bebidas) kauft.

Passiv KT 32

Lösungen ▸ A IV, KT 32/L

1. Barcelona wurde 1714 durch die Armee Philipps V. (el ejército de Felipe V) zerstört (destruir).
2. Morgen wird das Sommerfest (la fiesta del verano) in der Schule gefeiert (celebrar, reflexives Passiv).
3. Das Fenster ist offen/geöffnet.
4. Alle Gäste (los invitados) sitzen schon am Tisch.
5. Meine Oma liegt (schon) seit (desde hace) zwei Stunden im Bett.
6. Hier wird kein Deutsch gesprochen (reflexives Passiv).
7. Die Flyer (el folleto) werden nächste Woche gedruckt (imprimir, reflexives Passiv).

Personalpronomen (betont) KT 33

Lösungen ▶ A IV, KT 33/L
1. Er liebt (querer) sie sehr.
2. Mir gefällt klassische Musik sehr, aber ihr nicht so (no tanto).
3. Du kannst auf mich zählen (contar con).
4. Wir sprechen gerade über euch (hablar de).
5. Diese Blumen sind für sie.
6. Du trägst immer Röcke, aber ich trage Hosen.
7. Ich glaube, diese Mädchen lachen über uns (reírse de).

Personalpronomen (unbetont) KT 34

Bitte die von der RAE als normativ eingestuften Varianten angeben.
Lösungen ▶ A IV, KT 34/L
1. Möchtest du Tee? – Ja, bitte (gracias). – Willst du ihn mit Milch oder mit Zitrone?
2. Ich habe euch im Park gesehen.
3. Gib ihr das Buch zurück (devolver). – Gib es ihr zurück.
4. Sie können uns leider (lamentablemente) nicht mehr helfen.
5. Reichst du ihnen bitte das Salz (pasar)?
6. Ich suche meine Hausschuhe (las zapatillas), hast du sie gesehen?
7. Sag mir deinen Namen. – Sag ihn mir.
8. Ach ja (¡Ah, sí!), das Geschenk (el regalo). Du kannst es ihm morgen geben.

Pluralbildung KT 35

Lösungen ▸ A IV, KT 35/L
1. die Bücher, die Freunde
2. die Häuser, die Plätze
3. die Universitäten, die Städte
4. die Autos, die Straßen
5. die Hotels, die Bäume
6. die Schaufensterpuppen (el maniquí)
7. die Donnerstage und die Sonntage
8. die Schlafwagen (el coche cama)
9. die Prüfungen
10. die Bilder
11. die Zitronen
12. die Schauspielerin / die Schauspielerinnen
13. die Stimme / die Stimmen
14. die Brille / die Brillen
15. der Regenschirm / die Regenschirme
16. der Sonnenschirm / die Sonnenschirme

por KT 36

Lösungen ▸ A IV, KT 36/L
1. Vielen Dank für dieses Geschenk (el regalo).
2. Wir sind wegen des Regens (la lluvia) zu Hause geblieben (quedarse en casa).
3. Die Lehrerin geht (andar) durch das Klassenzimmer (la clase).
4. Am Nachmittag werde ich meine Hausaufgaben (los deberes) machen.

5. Sie hat es aus Liebe getan.
6. María ist krank, deshalb kann sie nicht kommen.

Possessivbegleiter KT 37

Lösungen ▸ A IV, KT 37/L
1. Deine Freunde warten im Restaurant auf dich.
2. Seine Frau ist krank und kann nicht zu Ihrem Fest kommen (ir).
3. Ich suche meinen Koffer (la maleta).
4. Diese Freundin von dir gefällt mir sehr.
5. Ein Freund von ihnen möchte auch zur Ausstellung (la exposición) gehen (ir).
6. Dieser Mantel gehört mir.
7. Diese Bücher gehören nicht ihnen, sondern (sino) uns.

Possessivpronomen und -begleiter KT 38

Lösungen ▸ A IV, KT 38/L
1. Unsere Kinder (los hijos) sind da (estar allí), hinter dem Baum, und eure? (bitte die in Spanien üblichere Form verwenden)
2. Mein Auto ist hier. Ihres ist weiter hinten (al fondo).
3. Unsere Mathematiklehrerin ist sehr gut, aber deine nicht.
4. Sein Einfluss (la influencia) ist eher (más bien) gering (pequeño), aber ihrer ist sehr groß.
5. Meine Fahrkarte (el billete) habe ich hier. Und deine, wo hast du sie?

pretérito imperfecto   KT 39

Lösungen ▸ A IV, KT 39/L
1. Mein Großvater hat, solange (mientras) er lebte, viel Sport getrieben (hacer).
2. Früher gab es kein Internet.
3. Ich wusste nicht, dass du geheiratet hast (casarse).
4. Im Haus war (estar) alles dunkel. Plötzlich (de repente) machte jemand das Licht an (encender).
5. Sie wollte ihm sagen, dass sie ihn liebte, aber sie tat es nicht.
6. Guten Tag, ich möchte / hätte gern ein Kilo Äpfel.

pretérito indefinido   KT 40

Lösungen ▸ A IV, KT 40/L
1. Gestern habe ich für die ganze Woche eingekauft (ir a comprar).
2. Neulich habe ich einen sehr interessanten Dokumentarfilm (el documental) über La Gomera gesehen.
3. Francisco de Goya war der Hofmaler (el pintor de cámara) von Karl IV. Im Jahr 1792 wurde er taub (volverse sordo).
4. Dolores Ibárruri, La Pasionaria, kehrte 1977 nach 38 Jahren im Exil (los años de exilio) nach Spanien zurück (volver).
5. Wir sind in Sevilla angekommen, haben die Giralda besichtigt, sind durch das Viertel Triana spaziert (dar un paseo por el barrio) und haben dort (zu Mittag) gegessen.
6. Die Franco-Diktatur bestand (durar) von 1939 bis 1975.

7. Letztes Jahr war sie einen ganzen Monat lang krank (estar enfermo).

pretérito perfecto KT 41

Lösungen ▸ A IV, KT 41/L

1. Jordi hat sein Studium (la carrera) noch nicht abgeschlossen (terminar).
2. Ich habe schon gegessen.
3. Nieves hat in der letzten Zeit viel gelesen.
4. Hast du schon einmal (alguna vez) im Freien (al aire libre) übernachtet (pasar la noche)?
5. Heute morgen bist du zu früh aufgestanden (levantarse). Deshalb bist (estar) du jetzt so (tan) müde.
6. Hast du das gesehen? Sie hat sich vorgedrängelt (colarse).
7. Ich verstehe nicht, warum sie mich nicht begrüßt hat (saludar).

¿qué? KT 42

Lösungen ▸ A IV, KT 42/L

1. Was empfiehlst (recomendar) du mir?
2. Was für ein Museum werden wir denn besuchen (ir a visitar)?
3. Bernardo fragt, was er kaufen soll.
4. Ich frage mich, woran meine Tochter gerade denkt.
5. Warum bist du nicht früher (antes) gekommen?
6. Wozu willst du noch ein Paar (otro par) Schuhe?
7. Wovon willst du leben? Du hast kein Geld.

Reflexive Verben KT 43

Lösungen ▸ A IV, KT 43/L
1. Sie hat heute zweimal gebadet.
2. Habt ihr euch amüsiert (divertirse)?
3. Wir können nicht zu Hause bleiben. (bitte beide Varianten)
4. Carlota zieht sich gerade an. (bitte beide Varianten)
5. Steh bitte auf.
6. Das Kind ist schon eingeschlafen.
7. Pass bitte auf (Ten cuidado), du kannst vom Stuhl fallen. (bitte beide Varianten)
8. Treffen wir uns vor der Schule?

Relativpronomen KT 44

Lösungen ▸ A IV, KT 44/L
Im Falle mehrerer gängiger Varianten sind die möglichen Relativpronomen hier angegeben.
1. Die Frau, die mich begrüßt (saludar) hat, war meine Spanischlehrerin.
2. Die Bäume, die keine Blätter mehr haben, müssen gefällt werden (hay que talarlos).
3. Hier lebt der Maler, den ich in meiner Kindheit (en mi infancia) immer besuchte.
4. Ich habe einen Freund, dessen Schwester sehr gut Klavier spielt.
5. Das ist der Weg, auf (por) dem ich von der Schule nach Hause gegangen bin.
6. Dort ist Manuel, mit dem ich sprechen möchte (que/quien).

7. Frau Calvo, der er (gerade) ein Geschenk gegeben hat (pretérito perfecto), war unsere erste Kundin (que/quien/cual).
8. Nach der Party bin ich mit Fernando und Luis, die ziemlich betrunken waren (estar borracho), nach Hause gegangen (irse a casa) (que/cual).
9. María, deren Sohn Manuel heißt, hat meine Frau im Krankenhaus besucht.
10. Ich bin nicht einverstanden mit (estar de acuerdo con) dem, was du sagst.

se KT 45

Lösungen ▶ A IV, KT 45/L

1. Mein Bruder steht immer spät auf (levantarse).
2. Meine Kinder (los hijos) können sich schon alleine anziehen (vestirse).
3. Luisa und Martín gaben (estrechar) einander die Hand.
4. Heute abend wird hier gegessen, getrunken und bis zur Morgendämmerung (el amanecer) getanzt (Präsens).
5. Im Blumenladen (la floristería) werden die Rosen zum halben Preis (a mitad de precio) verkauft.
6. In Österreich (Austria) spricht man Deutsch.
7. Susana hat viele Weihnachtsgeschenke (los regalos de Navidad) für ihre Eltern gekauft. Morgen wird sie sie ihnen geben (ir a entregar).
8. Rocío hat zwei neue Hosen. Ihre Mutter hat sie ihr gekauft.

ser KT 46

Lösungen ▸ A IV, KT 46/L
1. Ich bin Engländerin.
2. Wir sind aus Berlin.
3. Julia ist ein sehr ruhiger (tranquilo) Mensch (la persona).
4. Wie spät ist es / Wie viel Uhr ist es?
5. Die roten Becher (el vaso) sind aus Glas (el cristal).
6. Diese Bücher gehören Marta.
7. Das Konzert findet im kleinen Saal statt.
8. Das Treffen (el encuentro) mit den Austauschschülern (los estudiantes de intercambio) wird im Sommer stattfinden.

Steigerung des Adjektivs   KT 47

Lösungen ▸ A IV, KT 47/L
1. Russisch ist schwieriger (difícil) als Spanisch.
2. Laura ist weniger fleißig in der Schule (trabajador) als Javier.
3. Der Amazonas ist der längste Fluss der Welt.
4. Sonia ist die älteste von den Geschwistern.
5. Das weiße Klavier ist ausgesprochen teuer.
6. Dieses Auto ist das unsportlichste / am wenigsten sportliche (deportivo) von den dreien.

Steigerung des Adverbs   KT 48

Lösungen ▸ A IV, KT 48/L
1. Sie wohnt näher / weniger weit weg als wir.
2. Luis spricht am schlechtesten Englisch von allen.

3. María José ist diejenige, die am besten schwimmen kann.
4. Die Männer diskutieren sehr leidenschaftlich (apasionadamente).

subjuntivo KT 49

Lösungen ▸ A IV, KT 49/L
1. Hoffentlich kommt das Paket noch rechtzeitig (a tiempo).
2. Ich hoffe, dass Lucía nicht zu spät kommt.
3. Wir bedauern (sentir), dass sie die 3. Klasse (el tercer curso) wiederholen (repetir) muss.
4. Er bezweifelt, dass (dudar de que) wir das Projekt rechtzeitig (a tiempo) beenden können.
5. Uns gefällt, dass du in den Pausen (en las pausas) immer für alle den Kaffee machst.
6. Ich freue mich, dass (alegrarse de que) du eine gute Arbeit hast.
7. Der Chef will nicht, dass ihr bei der Arbeit (während ihr arbeitet) raucht.
8. Sag ihnen (Diles), dass sie leiser sprechen sollen (hablar más bajo).
9. Es ist notwendig, dass du zum Arzt gehst.
10. Es ist schade, dass er den Preis nicht gewinnen konnte.
11. Es ist wichtig, dass ihr euch für die Prüfung anstrengt (esforzarse).
12. Ihr müsst den Teig gut rühren (remover bien la masa), damit sich keine Klumpen (el grumo) bilden (formarse).
13. Ich werde gerne mit dir mitkommen (Voy a ir contigo),

es sei denn, ich muss Überstunden machen (hacer horas extras).
14. Wir müssen aufräumen (recoger), bevor die Gäste (los invitados) kommen.
15. Sobald ich ankomme, werde ich sie anrufen (la llamaré).
16. Ich suche jemanden, der die Buchhaltung (la contabilidad) machen kann.

Substantiv   KT 50

Lösungen ▸ A IV, KT 50/L
1. der Tisch, der Löffel
2. der Becher, das Messer
3. der Mond, die Sonne
4. der Zahn, die Milch
5. der Honig, das Hotel
6. der Balkon, der Sessel
7. die Beziehung, die Ausstellung
8. das Gedicht, die Hand
9. der Zahnarzt, die Tennisspielerin
10. der Vertreter, die Polizistin
11. die Handtasche, die Einkaufstasche
12. die Jugend, die Menschheit

también/tampoco   KT 51

Lösungen ▸ A IV, KT 51/L
Stellung von <u>también</u> und <u>tampoco</u> bitte wie angegeben beibehalten.

1. Sie kann (saber) auch Flöte spielen (tocar la flauta). (vor dem Verb)
2. Er hat auch gelogen (mentir). (nach dem Verb)
3. Wir wissen auch nicht, wie man diese Dose (la lata) öffnen kann (cómo se puede). (vor dem Verb)
4. Heute nacht haben sie auch nicht geschlafen. (nach dem Verb)

tan ... como   KT 52

Lösungen ▸ A IV, KT 52/L
1. Dieser Fernseher (el televisor) ist genauso teuer wie der andere.
2. Ricardo kocht so gut wie sein Vater.
3. Paco liest genauso langsam (lentamente) wie ich.
4. Ich bin (estar) so nervös wie du.

todo/toda   KT 53

Lösungen ▸ A IV, KT 53/L
1. Rosa steht jeden Tag um 7:00 Uhr auf (levantarse).
2. Alle sind mit deinem Vorschlag (la propuesta) einverstanden (estar de acuerdo).
3. Ich habe (es) alles gekauft.
4. Jeder Erwachsene (el adulto) muss / Alle Erwachsenen müssen Eintritt zahlen (pagar entrada).
5. Ich habe die ganze Woche nichts gemacht.

Unpersönliche Formen KT 54

Lösungen ▶ A IV, KT 54/L
Bitte, wo möglich, zwei Varianten angeben.
1. Bei meinen Großeltern (En casa de mis abuelos) isst man sehr gut.
2. Büroräume (oficinas) werden vermietet (Büroräume zu vermieten).
3. Dazu (Sobre esto) kann man nichts mehr sagen.
4. Man hat Regen vorhergesagt (anunciar, pretérito indefinido).
5. Es hat die ganze Nacht geschneit (pretérito indefinido).
6. In der Stadt gibt es zu viele Tauben (palomas).

Verdoppelung des direkten und indirekten Objekts KT 55

Lösungen ▶ A IV, KT 55/L
1. Die Blumen, die habe ich im Garten geholt (coger).
2. Die Jungs, die haben wir schon auf dem Platz gesehen.
3. Die Heizung (La calefacción), die musst du herunterdrehen (bajar).
4. Fernando (dem) hat sie eine Ohrfeige (el bofetón) gegeben.
5. Er hat alles gesagt.
6. Sie hat alle (a todos) gegrüßt (saludar).
7. Sie laden uns alle fünf ein.

Verneinung KT 56

Lösungen ▸ A IV, KT 56/L
1. Hast du ein Bonbon (el caramelo)? – Nein, tut mir leid.
2. Sie will nicht kochen.
3. Wir haben noch nicht gestaubsaugt (pasar la aspiradora).
4. Ich habe keine Geschwister.
5. Niemand rief sie an. (bitte beide Varianten)
6. Er hat nie Haschisch geraucht (fumar hachís, pretérito perfecto). (bitte beide Varianten)

Anhang IV

Lösungen zu den Übersetzungskurztests

a KT 1/L

1. Quiero ir a la biblioteca.
2. Nos vamos a casa.
3. La clase de español empieza a las 18:00.
4. La farmacia está a 300 metros.
5. Mi hermano va a estudiar Derecho.
6. Encontré a Ana ayer en el cine.

Adjektiv KT 2/L

1. Mi habitación es pequeña pero cómoda.
2. Luisa es una niña feliz.
3. Mi hermano tiene una casa muy grande con un jardín bonito, en el que hay árboles altos.
4. He comprado / Compré estas rosas blancas en la floristería roja.
5. Este es un buen libro. Es el primer libro que deberías leer de este autor famoso.
6. Carlos es un gran hombre.

Adverb KT 3/L

1. Están felizmente casados.
2. La participante pidió cortésmente la palabra.
3. El coche está muy cerca.
4. Antes la gente no tenía televisor; ahora tienen como mínimo uno en casa.
5. Esto lo has hecho muy bien.
6. Normalmente voy a la fisioterapeuta una vez al mes.
7. Hoy estoy bastante nervioso. / Estoy bastante nervioso hoy.

antes de + Infinitiv / antes de que + subjuntivo
KT 4/L

1. Ha regado / Regó las plantas antes de irse de vacaciones.
2. Antes de salir, he llamado / llamé a mis padres.
3. Ayúdame por favor con este informe antes de que te vayas a comer.

Artikel KT 5/L

1. a) el prado, la cama / los prados, las camas
   b) un color, una persona / unos colores, unas personas
   c) el agua, la amiga / las aguas, las amigas
2. a) Lo bonito / Lo bello de este lugar es el silencio.
   b) Voy al parque a dar un paseo.
   c) Hemos salido / Salimos muy tarde del museo.

aunque KT 6/L

1. Aunque he suspendido / suspendí el examen, no voy a dejar la carrera.
2. Quieren comprar la casa aunque tengan que pedir un crédito caro.

como KT 7/L

1. Como mi amigo estaba enfermo, ayer no pudimos ir al teatro.
2. Hoy Juana ha llegado más tarde al trabajo porque había un accidente de metro.

3. Como no me dices la verdad, tendré que hablar con tus padres.
4. Hemos cocinado / Cocinamos espaguetis con salsa de tomate porque ya no teníamos arroz para una paella.

conmigo, contigo, consigo   KT 8/L

1. Habla otra vez consigo misma.
2. Si quieres, puedes ir a casa conmigo.
3. Quiero hacer este trabajo solo contigo.

cuando   KT 9/L

1. Cuando llega del trabajo, Elena escribe en su blog sobre hacer punto.
2. Avísame cuando sepas algo más de Mario.
3. El perro ladraba como loco cuando alguien se acercaba a la casa.
4. Cuando llame Sofía, dile que quiero hablar con ella.

de   KT 10/L

1. Este abrigo es de Jorge.
2. Soy de Austria.
3. Viene de la escuela.
4. Esta silla es de madera.

desde   KT 11/L

1. Desde el mes pasado apenas puedo dormir.
2. Desde aquí se puede ver a los músicos tocando.

desde hace   KT 12/L

1. Los hermanos no hablan más con sus padres desde hace años.
2. Desde hace un mes ya no como carne.
3. Están casados desde hace diez años.

después de + Infinitiv / después de que [+ subjuntivo]   KT 13/L

1. Después de comer se acostó durante un par de minutos.
2. Se fueron al cine después de que la canguro viniera.
3. Te podemos ayudar después de terminar nuestro trabajo.
4. Después de que muriera su mujer, no se volvió a casar.

en   KT 14/L

1. El señor Solana está en su despacho.
2. Deja el coche en el parking.
3. Nos vemos en tres días en el aeropuerto.
4. Siempre voy al trabajo en metro.
5. Nos gusta más ir en tren que en coche.

este, ese, aquel   KT 15/L

1. Ese día no pude ir al trabajo.
2. ¿Ves a aquel chico al lado del árbol?
3. Aquella fiesta de hace diez años no la voy a olvidar jamás.
4. ¿Quién es este? – Ricardo, mi socio. ¿Y ese señor? – Nuestro nuevo cliente.
5. Esta revista está pensada solo para hombres.

estar KT 16/L

1. ¿Cómo estás?
2. No sé dónde está mi cartera.
3. La ópera está en el centro de la ciudad.
4. Raquel está muy nerviosa porque mañana tiene un examen.

Fragewörter KT 17/L

1. ¿Qué hacemos el fin de semana? – Pregunta qué hacemos el fin de semana.
2. ¿Cómo quieres resolver el problema? – Pregunta cómo quieres resolver el problema.
3. ¿Cuándo cumple Julia años? – Pregunta cuándo Julia cumple años.
4. ¿Cuál de las dos camisas te gusta más? – Pregunta cuál de las dos camisas te gusta más.
5. ¿Cuánta gente ha venido / vino? – Pregunta cuánta gente ha venido / vino.
6. ¿Dónde hemos aparcado / aparcamos el coche? – Pregunta (que) dónde hemos aparcado / aparcamos el coche.
7. ¿A quién has invitado a tu cumpleaños? – Pregunta a quién has invitado a tu cumpleaños.

gerundio KT 18/L

1. María no puede ponerse al teléfono porque está durmiendo.
2. Lo dijo sonriendo.

3. Espera, todavía estoy cocinando / estoy cocinando todavía.
4. Llevo una hora esperando.

hace   KT 19/L

1. Su hijo murió hace tres años.
2. Ha llamado hace cinco minutos.
3. Hace una semana quería hacer la excursión con nosotros, ahora ya no quiere (más).

hasta, hasta que   KT 20/L

1. Fue hasta la puerta y la abrió.
2. Tiene vacaciones hasta la próxima semana.
3. Estuvimos / Nos quedamos en el restaurante hasta que dejó de llover.
4. Fría la cebolla hasta que esté dorada.

hay, hay que   KT 21/L

1. En mi ciudad sólo hay una farmacia.
2. Antes había menos accidentes de coche.
3. Si uno quiere conseguir algo en la vida, hay que estudiar y trabajar mucho.
4. No hay que fumar delante de niños.
5. Hay que renovar esta casa.

Indefinitpronomen KT 22/L

1. No hay nada más en la nevera.
2. Nadie quiere tratar este tema.
3. Todos querían ver a la estrella de cine.
4. Tiene que haber algún remedio para esta enfermedad.
5. Dime todo lo que sabes.
6. Algunos huevos ya están podridos.
7. Tiene pocas ganas de trabajar.
8. Nos vemos cada jueves.

Indirekte Frage KT 23/L

1. Me ha preguntado: «¿Tienes un cigarrillo?» – Me ha preguntado si tengo un cigarrillo.
2. Quise/Quería saber: «¿Tus padres están de acuerdo?« / «¿Están de acuerdo tus padres?» – Quise/Quería saber si tus padres estaban de acuerdo.
3. Paco preguntó: «¿Dónde había comprado el coche?» – Paco preguntó dónde había comprado el coche.
4. Mi padre quiso/quería saber: «¿Cuándo han llegado?» – Mi padre quiso/quería saber cuándo habían llegado.

Indirekte Rede KT 23a/L

1. Ha dicho: «Estoy enferma.» – Ha dicho que está enferma.
2. Nos aseguró: «He trabajado mucho.» – Nos aseguró que había trabajado mucho.
3. Pedro me explicó: «No pude venir antes por el atasco en la ciudad.» – Pedro me explicó que no había podido venir antes por el atasco en la ciudad.

4. Tu madre dice: «Ven a la cocina.» – Tu madre dice que vayas a la cocina.
5. Pensé/Pensaba: «Carmen no llamará». – Pensé/Pensaba que Carmen no llamaría.

Infinitiv   KT 24/L

1. Nadar me gusta mucho.
2. Mis padres me permiten volver tarde a casa.
3. Quiere comprarse un coche nuevo.
4. Ha empezado a hacer yoga.
5. Quiere volver a estudiar español.
6. Llámame antes de ir a Madrid.

Kommasetzung   KT 25/L

1. Si nos vamos a las 8:00, llegamos a mediodía.
2. Voy a ir / Iré a la fiesta si no estoy enfermo.
3. Mi vecina, que siempre lleva un sombrero, se jubila hoy.
4. El hombre que estaba sentado en el banco me saludó.
5. Por cierto, Paco sabe cantar muy bien.

Konjunktionen   KT 26/L

1. A Mónica le gusta el pescado, pero ahora no quiere comer más porque está llena.
2. No tenemos que ir hacia la izquierda, sino todo recto.
3. Ya estoy lleno, sin embargo me voy a pedir un postre.
4. Vamos a ir en coche porque ya es tarde.
5. Simón y Laura esperan a su segundo hijo y por eso pasan las vacaciones en casa.

Mengenangaben KT 27/L

1. Cómprame (por favor) medio kilo de gambas y un kilo de mejillones.
2. Hay que usar 300 gramos de harina para la tarta de manzanas.
3. En esta botella hay un litro de aceite de oliva.
4. Póngame (por favor) un cuarto (de kilo) de jamón serrano.

mientras, mientras que KT 28/L

1. Mientras tú cocinas la cena, yo puedo poner la mesa.
2. No os podéis permitir / No podéis permitiros un piso propio mientras los dos tengáis trabajos temporales.
3. Nos quedamos aquí mientras quieras.
4. Ayer por la noche Frank escribió en su blog mientras yo fregaba los platos.
5. Ayer tenía mucha hambre, mientras que hoy no puedo comer casi nada.

muy/mucho KT 29/L

1. Sé coser muy bien.
2. Mi madre tiene muchos libros en su biblioteca.
3. ¿Vinieron muchos invitados al bautizo?
4. He comprado / Compré muchas flores para el balcón.
5. Te echo mucho de menos.
6. Esta casa es muy antigua.

otro/otra KT 30/L

1. Quería otra cerveza, por favor.
2. Tienes otro gusto que yo.
3. Alejandro quiere leer otro libro de este autor.
4. Tiene otros recuerdos de las vacaciones que su marido.
5. Unos chicos juegan en el jardín, otros en casa.

para, para que KT 31/L

1. Este regalo es para él.
2. Estudio español para poder hablar con mis clientes españoles.
3. Sus padres la han apuntado en unas colonias de inglés para que mejore sus conocimientos del idioma.
4. Ha empezado un tratamiento médico para perder un par de kilos.
5. Pablo ha dado dinero a Luísa para que compre las bebidas.

Passiv KT 32/L

1. Barcelona fue destruida en 1714 por el ejército de Felipe V.
2. Mañana se celebrará la fiesta de verano de la escuela.
3. La ventana está abierta.
4. Todos los invitados están ya sentados a la mesa.
5. Mi abuela está acostada (en la cama) desde hace dos horas.
6. Aquí no se habla alemán.
7. Los folletos se imprimirán la semana que viene.

Personalpronomen (betont) KT 33/L

1. Él la quiere mucho.
2. A mí me gusta mucho la música clásica, pero a ella no tanto.
3. Puedes contar conmigo.
4. Estamos hablando de vosotros.
5. Estas flores son para ella (ellas/ellos).
6. Tú siempre llevas faldas, pero yo llevo pantalones.
7. Creo que estas chicas se están riendo / están riéndose de nosotros.

Personalpronomen (unbetont) KT 34/L

1. ¿Quieres té? – Sí, gracias. – ¿Lo quieres con leche o con limón?
2. Os he visto en el parque.
3. Devuélvele el libro. – Devuélveselo.
4. Lamentablemente, no nos pueden ayudar más.
5. ¿Les pasas la sal, por favor?
6. Estoy buscando mis zapatillas, ¿las has visto?
7. Dime tu nombre. – Dímelo.
8. ¡Ah, sí!, el regalo. Se lo puedes dar / Puedes dárselo mañana.

Pluralbildung KT 35/L

1. los libros, los amigos
2. las casas, las plazas
3. las universidades, las ciudades
4. los coches, las calles

5. los hoteles, los árboles
6. los maniquíes
7. los jueves y los domingos
8. los coches cama
9. los exámenes
10. las imágenes
11. los limones
12. la actriz / las actrices
13. la voz / las voces
14. las gafas / las gafas
15. el paraguas / los paraguas
16. el parasol / los parasoles

por KT 36/L

1. Muchas gracias por este regalo.
2. Nos quedamos / Nos hemos quedado en casa por la lluvia.
3. La profesora anda por la clase.
4. Por la tarde voy a hacer / haré mis deberes.
5. Lo hizo / Lo ha hecho por amor.
6. María está enferma, por eso no puede venir.

Possessivbegleiter KT 37/L

1. Tus amigos te están esperando en el restaurante.
2. Su mujer está enferma y no puede ir a su fiesta.
3. Estoy buscando mi maleta.
4. Esta amiga tuya me gusta mucho.
5. Un amigo suyo quiere ir también a la exposición.
6. Este abrigo es mío.
7. Estos libros no son suyos, sino nuestros.

Possessivpronomen und -begleiter KT 38/L

1. Nuestros hijos están allí, detrás del árbol, ¿y los vuestros?
2. Mi coche está aquí. El suyo está al fondo.
3. Nuestra profesora de matemáticas es muy buena, pero la tuya no.
4. Su influencia es más bien pequeña, pero la suya es muy grande.
5. Mi billete lo tengo aquí. Y lo tuyo, ¿dónde lo tienes?

pretérito imperfecto KT 39/L

1. Mientras vivía, mi abuelo hacía mucho deporte.
2. Antes no había internet.
3. No sabía que te has casado / te casaste.
4. En la casa estaba todo oscuro. De repente alguien encendió la luz.
5. Quería decirle que lo quería, pero no lo hizo.
6. Buenos días, quería un kilo de manzanas.

pretérito indefinido KT 40/L

1. Ayer fui a comprar para toda la semana.
2. El otro día vi un documental muy interesante sobre La Gomera.
3. Francisco de Goya fue el pintor de cámara de Carlos IV. En el año 1792 se volvió sordo.
4. Dolores Ibárruri, La Pasionaria, volvió a España en 1977 después de 38 años de exilio.
5. Llegamos a Sevilla, visitamos la Giralda, dimos un paseo por el barrio Triana y comimos allí.

6. La dictadura de Franco duró de 1939 a 1975.
7. El año pasado estuvo todo un mes enferma.

pretérito perfecto   KT 41/L

1. Jordi todavía no ha terminado su carrera.
2. Ya he comido.
3. Nieves ha leído mucho últimamente.
4. ¿Has pasado la noche al aire libre alguna vez?
5. Esta mañana te has levantado demasiado temprano. Por eso estás tan cansado ahora.
6. ¿Lo has visto? Se ha colado.
7. No entiendo/comprendo por qué no me ha saludado.

¿qué?   KT 42/L

1. ¿Qué me recomiendas?
2. ¿Qué museo vamos a visitar?
3. Bernardo pregunta qué tiene que comprar.
4. Me pregunto en qué está/estará pensando mi hija.
5. ¿Por qué no has venido / viniste antes?
6. ¿Para qué quieres otro par de zapatos?
7. ¿De qué quieres vivir? No tienes dinero.

Reflexive Verben   KT 43/L

1. Se ha bañado dos veces hoy.
2. ¿Os habéis divertido?
3. No nos podemos quedar en casa. / No podemos quedarnos en casa.
4. Carlota se está vistiendo. / Carlota está vistiéndose.

5. Levántate (por favor).
6. El niño ya se ha dormido.
7. Ten cuidado, te puedes caer de la silla / puedes caerte de la silla.
8. ¿Nos encontramos delante de la escuela?

Relativpronomen KT 44/L

1. La mujer que me ha saludado fue/era mi profesora de español.
2. Los árboles, que ya no tienen hojas, hay que talarlos.
3. Aquí vive el pintor al que (yo) visitaba siempre en mi infancia.
4. Tengo un amigo cuya hermana toca muy bien el piano.
5. Este es el camino por el que he ido / fui de la escuela a casa.
6. Allí está Manuel, con el que / con quien me gustaría hablar.
7. La señora Calvo, a la que / a quien / a la cual (él) le ha dado un regalo, fue nuestra primera clienta.
8. Después de la fiesta me fui a casa con Fernando y Luis, los que / los cuales estaban bastante borrachos.
9. María, cuyo hijo se llama Manuel, ha visitado / visitó a mi mujer en el hospital.
10. No estoy de acuerdo con lo que dices.

se KT 45/L

1. Mi hermano se levanta siempre tarde.
2. Mis hijos ya pueden vestirse / se pueden vestir solos.

3. Luisa y Martín se estrecharon la mano.
4. Esta noche aquí se come, se bebe, y se baila hasta el amanecer.
5. En la floristería las rosas se venden a mitad de precio.
6. En Austria se habla alemán.
7. Susana ha comprado muchos regalos de Navidad para sus padres. Mañana se los va a entregar / va a entregárselos.
8. Rocío tiene dos pantalones nuevos. Su madre se los ha comprado.

ser KT 46/L

1. Soy inglesa.
2. Somos de Berlín.
3. Julia es una persona muy tranquila.
4. ¿Qué hora es?
5. Los vasos rojos son de cristal.
6. Estos libros son de Marta.
7. El concierto es en la sala pequeña.
8. El encuentro con los estudiantes de intercambio será en verano.

Steigerung des Adjektivs KT 47/L

1. El ruso es más difícil que el español.
2. Laura es menos trabajadora en la escuela que Javier.
3. El Amazonas es el río más largo del mundo.
4. Sonia es la mayor de los hermanos.
5. El piano blanco es carísimo.
6. Este coche es el menos deportivo de los tres.

Steigerung des Adverbs KT 48/L

1. Vive más cerca / menos lejos que nosotros.
2. Luís es el que habla peor inglés de todos.
3. María José es la que sabe nadar mejor. / María José es la que mejor sabe nadar.
4. Los hombres discuten apasionadísimamente / muy apasionadamente.

subjuntivo KT 49/L

1. Ojalá el paquete llegue a tiempo.
2. Espero que Lucía no venga demasiado tarde.
3. Sentimos que tenga que repetir el tercer curso.
4. Duda de que podamos terminar el proyecto a tiempo.
5. Nos gusta que siempre hagas el café para todos en las pausas.
6. Me alegro de que tengas un buen trabajo.
7. El jefe no quiere que fuméis mientras trabajáis.
8. Diles que hablen más bajo.
9. Es necesario que vayas al médico.
10. Es una pena que no pudiera ganar el premio.
11. Es importante que os esforcéis para el examen.
12. Tenéis que remover bien la masa para que no se formen grumos.
13. Voy a ir contigo a no ser que tenga que hacer horas extras.
14. Tenemos que recoger antes de que vengan los invitados.
15. Cuando llegue, la llamaré.
16. Busco a alguien que pueda hacer la contabilidad.

Substantiv KT 50/L

1. la mesa, la cuchara
2. el vaso, el cuchillo
3. la luna, el sol
4. el diente, la leche
5. la miel, el hotel
6. el balcón, el sillón
7. la relación, la exposición
8. el poema, la mano
9. el dentista, la tenista
10. el representante, la policía
11. el bolso, la bolsa
12. la juventud, la humanidad

también/tampoco KT 51/L

1. Ella también sabe tocar la flauta.
2. Ha mentido también.
3. Tampoco sabemos cómo se puede abrir esta lata.
4. Esta noche no han dormido tampoco.

tan ... como KT 52/L

1. Este televisor es tan caro como el otro.
2. Ricardo cocina tan bien como su padre.
3. Paco lee tan lentamente como yo.
4. Estoy tan nervioso como tú.

todo/toda   KT 53/L

1. Rosa se levanta todos los días a las 7:00.
2. Todos están de acuerdo con tu propuesta.
3. Lo he comprado todo.
4. Todo adulto tiene / Todos los adultos tienen que pagar entrada.
5. En toda la semana no he hecho nada.

Unpersönliche Formen   KT 54/L

1. En casa de mis abuelos se come / uno/una come muy bien.
2. Se alquila(n) oficinas.
3. Sobre esto ya no se puede / uno/una ya no puede decir nada más.
4. Se anunció / Anunciaron lluvia.
5. Nevó toda la noche.
6. En la ciudad hay demasiadas palomas.

Verdoppelung des direkten und indirekten Objekts   KT 55/L

1. Las flores las he cogido en el jardín.
2. Los chicos ya los hemos visto en la plaza.
3. La calefacción la tienes que bajar.
4. A Fernando le ha dado un bofetón.
5. Lo ha dicho todo.
6. Los ha saludado a todos.
7. Nos invitan a los cinco.

Verneinung   KT 56/L

1. ¿Tienes un caramelo? – No, lo siento.
2. No quiere cocinar.
3. Todavía no hemos pasado la aspiradora.
4. No tengo hermanos.
5. No la llamó nadie. / Nadie la llamó.
6. No ha fumado hachís nunca. / Nunca ha fumado hachís.